Gesund essen

Kochen mit Knoblauch

Autor und Bildredaktion: Helga Lederer, München
Konzeption und Gestaltung: Uschi Müller, München
Umschlaggestaltung: Bine Cordes, Weyarn
Printed in Italy
ISBN 3-88199-889-6

Inhalt

Vorwort

Der Knoblauch gehört neben der Zwiebel zu den wichtigsten Gewürzen auf der Welt, er findet in den besten Küchen raffinierte Verwendung. Der Knoblauch wird heiß geliebt, vor allem in Südeuropa, Frankreich, Asien, Mexiko und Südamerika. Wer denkt nicht träumerisch an eine schöne Ferienreise in südlichen Urlaubsländern zurück, wenn ein zarter Knoblauchduft aus der Küche schwebt.
Zum Teil ist der Knoblauch aber auch verpönt und wird wegen seines starken Geruches abgelehnt.

Der wahre "Knoblauchfan" gibt der frischen Knolle immer den Vorzug.
In den Rezepten wurde ausschließlich frischer Knoblauch verarbeitet, selbstverständlich läßt sich dieser auch durch Knoblauchpaste, Knoblauchsalz, granulierten oder gefriergetrockneten Knoblauch ersetzen.
Der gesundheitliche Wert des Knoblauchs ist wissenschaftlich nachgewiesen und unumstritten. Der Knoblauch wurde schon vor 5 000 Jahren als Heil- und Gewürzpflanze geschätzt. Knoblauch gibt einer Vielfalt von klassischen und neuen Gerichten erst den richtigen Pfiff. Man sollte diese köstlichen Rezepte wie Suppen – Vorspeisen – Fleisch – Internationale Gerichte – Eintöpfe – Aufläufe – Saucen und Fisch ausprobieren. Sie erhalten durch

den Knoblauch oft erst ihren unvergleichlichen Geschmack, egal ob man nur mit einem Hauch oder kräftig würzt, ganz nach Geschmack. Knoblauch darf in keiner Küche fehlen. Raffiniert zu würzen und gleichzeitig gesund zu kochen, beides ist mit Knoblauch möglich.

Beim Durchblättern des Buches bekommt man Lust, die leckeren Rezepte nachzukochen. Bei der Fülle der Gerichte und den appetitlichen Fotos fällt es einem nicht schwer, in Knoblauch zu schwelgen.
Ein Buch für Knoblauchfans und solche, die es werden wollen.

Aufbau der Rezepte

Die Rezepte sind, wenn nicht anders angegeben, für 4 Personen berechnet.

Die Zutaten sind in der Reihenfolge der Verwendung aufgelistet.
Die erstklassige Qualität von Fleisch und Zutaten sind eine Grundvoraussetzung für gutes Gelingen.
Frische Kräuter und Gewürze tragen ebenfalls zur geschmacklichen Steigerung der Rezepte bei.

Abkürzungen der Maßeinheiten:

kg = Kilogramm
g = Gramm
l = Liter
1 TL = 1 Teelöffel = 5 ml
1 EL = 1 Eßlöffel = 15 ml
1 Tasse = ca. 1/8 l = 125 ml,1 ml =1 g
1 Msp. = 1 Messerspitze
1 gestr. = 1 gestrichener
1 Weinglas = ca. 1/8 l = 125 ml
1 Schnapsglas = ca. 2 cl = 20 ml

Köstliche Suppen

Rotkohlsüppchen

500 g Rotkohl, 500 ml Fleischbrühe, 50 g Butter, 2 Zwiebeln, 1 Knoblauchzehe, 250 ml Rotwein, 2 EL Essig-Essenz, Salz, schwarzer Pfeffer, 1 Msp. Muskatblüte, 1 Msp. gemahlene Nelke, 1 Msp. Zimt, 2 EL Zucker, 4 TL Crème fraîche.
Zum Garnieren: 1 Zweig Zitronenmelisse, etwas Apfelschale

Den Rotkohl putzen, waschen, grob zerkleinern und im Mixer pürieren. Das Gemüsepüree mit der Hälfte der Fleischbrühe und der Butter in einen Topf geben. Die Zwiebel und die Knoblauchzehe schälen, klein würfeln, zum Gemüsepüree geben, aufkochen und 20 Minuten garen lassen. Die restliche Fleischbrühe, Rotwein, Essig-Essenz, Salz, frisch gemahlener Pfeffer, Gewürze und Zucker darunterrühren. Zugedeckt weitere 10 Minuten kochen lassen und nochmals abschmecken. Die Zitronenmelisse waschen und einzelne Blättchen abzupfen. Einen Apfel schälen, und die dünne Schale zur Dekoration verwenden.
In Suppentassen füllen, mit einem Eßlöffel Crème fraîche, der Zitronenmelisse und der Apfelschale dekorieren.

Champignonsuppe

500 g Champignons, 1 Zwiebel, 2 Knoblauchzehen, 2 EL Butter, 1 l Rinderbrühe, 250 ml saure Sahne, 1 Bund Petersilie, 1 EL Mehl, 2 EL Wasser, 4 Eigelb, Salz, Pfeffer

Die Pilze putzen, nach Möglichkeit nicht waschen, dann kleinschneiden. Die Zwiebel und Knoblauchzehen schälen und fein würfeln. Die Butter in einem Topf erhitzen und die Zwiebel- und Knoblauchwürfel andünsten, dann die Champignons zugeben, umrühren. Mit der Rinderbrühe aufgießen und 10 Minuten kochen lassen. Die saure Sahne einrühren. Die Petersilie waschen und fein hacken. Das Mehl mit dem Wasser anrühren und zur Suppe geben, nochmals aufkochen lassen und die Petersilie dazugeben. Die Eigelbe verquirlen und unter die nicht mehr kochende Suppe rühren. Mit Salz und Pfeffer abschmecken.

Kräuter - Knoblauch - Suppe

1 Zwiebel, 6 Knoblauchzehen, 2 EL Butter, 1 l Rinderbrühe, 200 ml saure Sahne, 2 Bund gemischte Kräuter: Petersilie – Estragon – Dill – Kerbel – Kresse – Schnittlauch, 1 EL Mehl, 2 EL Wasser, 2 Eigelb, Salz, weißer Pfeffer, 1 Prise Zucker, geriebene Muskatnuß, 1 Schuß Weißwein

Die Zwiebel und Knoblauchzehen schälen und fein würfeln. Die Butter in einem Topf erhitzen, die Zwiebel- und Knoblauchwürfel darin andünsten. Mit der Rinderbrühe aufgießen und 10 Minuten leicht kochen lassen, dann die saure Sahne einrühren. Die Kräuter waschen und fein hacken. Das Mehl mit dem Wasser anrühren, dann zur Suppe geben, nochmals aufkochen und die Kräuter dazugeben. Die Eigelbe verquirlen und unter die nicht mehr kochende Suppe rühren. Mit Salz, frisch gemahlenem Pfeffer, Zucker, einer Prise geriebener Muskatnuß und Weißwein abschmecken. Baguette dazu reichen.

"Wilde Knoblauchsuppe"
Bärlauchsuppe

1 l Rinderbrühe, 1 Zwiebel, 2 EL Butter, 100 g Bärlauch – Bärlauchblätter sind wilder Knoblauch, der im Mai in Auwäldern wächst; verwendet werden die jungen Blätter vor der Blüte – 250 ml Crème fraîche, 1 EL Mehl, 2 EL Wasser, 2 Eigelb, Salz, weißer Pfeffer, 1 Prise Zucker

Die Brühe in einen Topf geben. Die Zwiebel schälen und fein würfeln. Die Butter in einem Topf erhitzen, die Zwiebelwürfel darin andünsten. Die Bärlauchblätter waschen, fein hacken und mit der Zwiebel zur Brühe geben. Mit einem Mixstab pürieren oder durch ein Sieb streichen, dann die Crème fraîche zur Suppe rühren. Die Suppe nochmals erhitzen. Das Mehl mit dem Wasser anrühren und zur Suppe geben. Die Eigelbe verquirlen und unter die nicht mehr kochende Suppe rühren. Mit Salz, frisch gemahlenem Pfeffer und etwas Zucker abschmecken.

Gemüsesuppe mit Kräuter-Knoblauch-Sauce

(für 8 Personen)

2 Zwiebeln, 2 Knoblauchzehen, 2 Kohlrabi, 4 Karotten, 4 große Kartoffeln, 2 Stangen Lauch, 2 EL Butter, Salz, schwarzer Pfeffer. Außerdem: 1 1/2 l Rinderbrühe

Die Zwiebeln und Knoblauchzehen schälen, dann in kleine Würfel schneiden. Die Kohlrabi, Karotten und Kartoffeln schälen und in Stifte scheiden. Den Lauch putzen, waschen und in Ringe schneiden. Die Zwiebeln und die Knoblauchzehen in der Butter andünsten. Die Brühe zum Kochen bringen, die Zwiebeln und Knoblauchwürfel zugeben, ebenso das Gemüse und 20 Minuten kochen lassen. Die Suppe heiß mit der Kräuter-Knoblauch-Sauce, (Rezept unten) servieren.

Kräuter-Knoblauch-Sauce

(für 8 Personen)

4 Knoblauchzehen, 1 EL gehackte Petersilie, 2 Eigelb, 125 ml Olivenöl, 125 ml saure Sahne, 1 TL Salz

Die Knoblauchzehen schälen und durch die Presse in eine Schüssel drücken. Die Petersilie waschen und fein hacken. Die Eigelbe unter Rühren hinzufügen und das Öl erst tropfenweise, dann in dünnem Strahl, am besten mit einem Handrührer dazurühren, bis die Sauce dicklich wird. Die Sahne und die Petersilie unterrühren zum Schluß mit Salz abschmecken. Wenn die Sauce gerrint, 1 EL heißes Wasser unterrühren.

Büsumer Krabbensuppe

(für 6 Personen)

500 g Kartoffeln, 2 Zwiebeln, 2 Knoblauchzehen, 3 Karotten, 2 Stangen Lauch, 3 EL Butter, 1 1/2 l Rinderbrühe, Salz, schwarzer Pfeffer, 1 TL Paprikapulver, 200 g Krabben, 200 ml saure Sahne. Zum Garnieren: 1 Bund Dill

Die Kartoffeln schälen und in Würfel schneiden. Die Zwiebeln und die Knoblauchzehen schälen und klein würfeln. Die Karotten schälen und in Scheiben schneiden. Den Lauch putzen, in Streifen schneiden, waschen und abtropfen lassen, ein Viertel der Lauchstreifen beiseite stellen. Die Butter in einem Topf erhitzen, das Gemüse darin andünsten, mit der Brühe aufgießen. Mit Salz, frisch gemahlenem Pfeffer und Paprikapulver abschmecken. Die Gemüsesuppe pürieren und die Krabben zugeben. Die Suppe 20 Minuten kochen. 5 Minuten vor Ende der Garzeit die restlichen Lauchstreifen zufügen. Die saure Sahne unterrühren. Den Dill waschen, kleinschneiden und die Suppe damit servieren. Dazu schmeckt kerniges Bauernbrot. *Abbildung rechts*

Gemüsesuppe Gärtnerin

2 Zwiebeln, 3 Knoblauchzehen, 2 Kohlrabi, 3 Karotten, 2 Stangen Lauch, 200 g durchwachsener Speck, 3 EL Butter, 1 l Rinderbrühe, 1 Bund Majoran, Salz, schwarzer Pfeffer. Zum Garnieren: 1 Bund Petersilie

Die Zwiebeln und Knoblauchzehen schälen, klein würfeln. Die Kohlrabi und Karotten schälen, dann in Scheiben schneiden. Den Lauch putzen, in Ringe schneiden, waschen und abtropfen lassen. Den Speck in Würfel schneiden. Die Butter in einem Topf erhitzen, das Ge-

Gesund essen

Kochen mit Knoblauch

Über 100 würzige und aromatische Rezeptideen

Pawlak

müse und die Speckwürfel darin andünsten, mit der Brühe aufgießen. Den Majoran waschen und kleinschneiden. Mit Salz, frisch gemahlenem Pfeffer und dem Majoran abschmecken. Die Suppe 20 Minuten kochen. Die Petersilie waschen, kleinschneiden und die fertige Suppe damit bestreuen.
Mit Knoblauchbrot (Rezept s. Seite 81) oder knusprigem Bauernbrot servieren.

Erbsenrahmsuppe

600 g tiefgekühlte Erbsen, 1 l Rinderbrühe, 1 Knoblauchzehe, 20 g Butterschmalz, 20 g Mehl, Salz, weißer Pfeffer, 200 ml Crème fraîche

Die Erbsen in der Rinderbrühe auftauen und aufkochen. Durch ein Sieb abtropfen lassen. Die Hälfte der Erbsen in der Brühe mit einem Mixstab pürieren. Die andere Hälfte als Einlage beiseite stellen. Die Knoblauchzehe schälen und fein hacken. Das Butterschmalz erhitzen, die Knoblauchzehe andünsten und mit dem Mehl unter Rühren zu einer Mehlschwitze kochen. Mit der Erbsenbrühe aufgießen, aufkochen lassen. Mit Salz und frisch gemahlenem Pfeffer abschmecken. Die Crème fraîche unterrühren und zum Schluß die ganzen Erbsen zugeben. Die Suppe heiß mit Knoblauchbrot (Rezept s. Seite 81) servieren.

Muschelsuppe

1 Stange Lauch, 2 Zwiebeln, 2 Knoblauchzehen, 40 g Butter, 800 g frische, geputzte Miesmuscheln, 250 ml trockener Riesling, 2 EL Butter, 2 EL Mehl, 250 g Jakobsmuschelfleisch, 200 ml Crème fraîche, Salz, 120 g Sauerampfer oder Kerbel

Den Lauch putzen, waschen und in Würfel schneiden. Die Zwiebeln und Knoblauchzehen schälen und ebenfalls würfeln. Die Butter in einer Pfanne erhitzen und die Hälfte vom Lauch, den Zwiebeln und Knoblauch

5 Minuten andünsten, die Muscheln zugeben. Die Hälfte vom Weißwein aufgießen und zugedeckt kochen, bis die Muscheln gar sind. Mit Butter und Mehl binden, kurz aufkochen. Die Jakobsmuscheln im restlichen Wein mit Lauch- und Zwiebelwürfel 10 Minuten pochieren. Herausnehmen und warm stellen. Mit einem Mixstab den Sud pürieren und mit der Crème fraîche verfeinern. Durch ein Sieb gießen und mit Salz abschmecken. Die Mies- und Jakobsmuscheln zugeben und nochmals erhitzen. Den Sauerampfer oder Kerbel waschen, in feine Streifen schneiden, zur Suppe geben und diese heiß servieren.

Tomatensuppe mit Knoblauchcroutons

500 g Tomaten, 1 Zwiebel, 2 Knoblauchzehen, 2 EL Butter, 500 ml Rinderfond , 250 ml saure Sahne, 1 Bund Petersilie, 1 EL Mehl, 2 EL Wasser, 4 Eigelb, 2 EL Tomatenketchup, 1 TL Zucker, Salz, schwarzer Pfeffer. Außerdem: 1 Knoblauchzehe, 2 Scheiben Toastbrot, 2 EL Butter

Die Tomaten kurz in kochendes Wasser tauchen, häuten, entkernen und in grobe Stücke teilen. Die Zwiebel und Knoblauchzehen schälen und fein würfeln . Die Butter in einem Topf erhitzen und die Zwiebel- und Knoblauchwürfel andünsten, dann die Tomaten zugeben, umrühren. Mit dem Rinderfond aufgießen und 10 Minuten kochen lassen. Die saure Sahne einrühren. Die Petersilie waschen und fein hacken. Das Mehl mit dem Wasser anrühren, zur Suppe geben, nochmals aufkochen lassen und die Petersilie dazugeben. Die Eigelbe verquirlen und unter die nicht mehr kochende Suppe rühren. Mit Tomatenketchup, Zucker, Salz und frisch gemahlenem Pfeffer abschmecken. Die Knoblauchzehen schälen, halbieren, und die Toastbrotscheiben damit einreiben. Das Brot in Würfel schneiden und in der zerlassenen Butter anrösten. Die Suppe mit den Brotwürfeln bestreut servieren.

Lauchsuppe mit Crème fraîche

750 g Lauch, 2 Knoblauchzehen, 3 Kartoffeln, 1 l Rinderbrühe, 1/2 TL Kümmel, weißer Pfeffer, 250 ml Crème fraîche. Zum Garnieren: 1 Bund Petersilie

Den Lauch putzen, in Ringe schneiden und gründlich waschen. Die Knoblauchzehen schälen und fein hacken. Die Kartoffeln schälen und in Würfel schneiden. Die Rinderbrühe in einen Topf geben, Lauchringe, Knoblauchzehen, Kartoffelnwürfel und Kümmel zugeben, dann 15 Minuten garen. Mit frisch gemahlenem Pfeffer abschmecken, und die Suppe pürieren. Die Crème fraîche unter die Suppe rühren und nochmals erhitzen. Die Petersilie waschen und kleinschneiden und auf die fertige Suppe streuen. Auf Teller verteilen und heiß servieren.

Kohlrabisuppe mit Kerbel

1 kg Kohlrabi, 2 Knoblauchzehen, 1 l Rinderbrühe, 1 Prise gemahlene Muskatnuß, Salz, weißer Pfeffer, 1 EL Mehl, 100 ml saure Sahne, 2 Eigelb. Zum Garnieren: 50 g Kerbel

Die Kohlrabi schälen und in Streifen schneiden. Die Knoblauchzehen schälen und durch die Presse drücken. Die Brühe erhitzen, und die Kohlrabi darin 15 Minuten kochen. Mit den Knoblauchzehen, der Muskatnuß, Salz und frisch gemahlenem Pfeffer abschmecken. Dann die Suppe pürieren. Mehl und Sahne verrühren und unter die Suppe rühren. Nochmals erhitzen. Die Eigelbe verquirlen und zum Schluß unter die Suppe geben, sie darf nun nicht mehr kochen. Den Kerbel waschen, klein zupfen und auf die fertige Suppe streuen.

Vorspeisen und Salate

Avocadosalat

1/2 Kopf grüner Salat, 1/4 Salatgurke, 2 Frühlingszwiebeln, 1/2 Bund Petersilie, 250 g Kichererbsen aus der Dose, 1 Glas milde Tacosauce, 2 EL Olivenöl, 2 EL Apfelessig, 1 Avocado, 1 Zitrone, 1/2 Bund glatte Petersilie

Den Salat waschen und in Blätter teilen. Die Salatblätter in eine flache Salatschüssel legen. Die Gurke schälen und in Scheiben schneiden. Die Frühlingszwiebel waschen, putzen und kleinhacken. Die Petersilie waschen und fein schneiden. Die Kichererbsen in ein Sieb gießen und abtropfen lassen. Aus der Taco-Sauce, Olivenöl und Apfelessig eine Salatsauce rühren. Die Gurkenscheiben, Zwiebelwürfel, Petersilie und Kichererbsen mit der Salatsauce mischen und auf die Salatblätter geben. Die Avocado schälen, halbieren, entkernen und in Scheiben aufschneiden. Die Avocado auf den Salat garnieren. Die Zitrone auspressen und die Avocadoscheiben damit beträufeln. Die glatte Petersilie waschen, und den Salat damit garnieren.

Champignons in Sherry

500 g Champignons, 1 Zitrone, 1 Zwiebel,
2 Knoblauchzehen, 2 EL Butter, 4 cl Sherry, Salz, weißer Pfeffer
1 Bund Petersilie,

Die Champignons putzen, eventuell waschen, halbieren oder vierteln, je nach Größe. Die Zitrone auspressen und über die Champignons träufeln. Die Zwiebel und die Knoblauchzehen schälen, fein hacken. Die Butter in einer Pfanne erhitzen und die Zwiebel- und Knoblauchwürfel darin andünsten. Die Champignons zugeben. Mit dem Sherry ablöschen und 5 Minuten dünsten lassen. Mit Salz und frisch gemahlenem Pfeffer abschmecken. Die Petersilie waschen, fein schneiden und kurz vor dem Servieren über die Champignons streuen.
Die Champignons schmecken zu gegrilltem und kurzgebratenem Fleisch wie z.B. Lammkoteletts oder als Vorspeise.

Leberterrine

250 g Schweinefleisch, 250 g Kalbfleisch, 50 g Speck,
200 g Jungrindleber, 2 Zwiebeln, 4 Knoblauchzehen,
150 g Geflügelleber, 1 EL Butter, 2 EL Weinbrand, 2 Eigelb,
2 TL Salz, schwarzer Pfeffer, 1 Bund Thymian, 1 Zweiglein Majoran,
200 g fetter Speck in Scheiben.
Zum Dekorieren: 4 Lorbeerblätter, 1 Zweig Thymian

Das Fleisch mit dem Speck, der Leber und den geschälten und grob gewürfelten Zwiebeln und Knoblauchzehen durch die feinste Scheibe des Fleischwolfes drehen. Im Kühlschrank kalt stellen. Die Butter in einer Pfanne erhitzen und die Geflügelleberstücke von allen Seiten anbraten, beiseite stellen. Die Fleischfarce mit dem Weinbrand, den Eigelben, Salz und frisch gemahlenem Pfeffer, den gewaschenen, kleingeschnittenen Thymian und Majoran vermischen. Dann die Farce nochmals kalt stellen. Eine Terrine (Inhalt 1 l) mit den Speck-

scheiben auslegen, einige für die Garnitur zurücklassen. Die Hälfte der Fleischfarce einfüllen, die Geflügelleberstücke dazugeben und mit dem Rest der Fleischmasse zudecken. Mit den restlichen Speckscheiben, den Lorbeerblättern und dem Zweig Thymian garnieren. Die Terrine mit einem Deckel verschließen und in die mit 2 cm Wasser gefüllte Fettpfanne des Backofens einsetzen. Bei 200 Grad 90 Minuten garen, eventuell noch etwas Wasser nachfüllen. Die Form aus dem Ofen nehmen und abkühlen lassen.
Mit Knoblauchbrot, (Rezept s. Seite 81) oder frischem Bauernbrot als Vorspeise servieren.

Knoblauchschmalz

350 g gekochter Frühstücksspeck, 3 Knoblauchzehen,
1 Bund Petersilie, 1/2 TL schwarzer Pfeffer, Salz

Den Speck in Würfel schneiden und bei milder Hitze ausbraten. Die Grieben dürfen nicht zu dunkel werden. Die Knoblauchzehen schälen und mit der gewaschenen Petersilie im Mixer pürieren. Knoblauch, Petersilie, Fett und Grieben mischen, mit Salz und frisch gemahlenem Pfeffer abschmecken. Das Schmalz in ein Töpfchen füllen und kalt stellen.
Das Schmalz schmeckt als Vorspeise mit frischem Bauernbrot oder Vollkornsemmeln.

Gambas in Knoblauch

4 EL Olivenöl, 4 Knoblauchzehen, 400 g ausgelöste Gambas (Scampis), 1 Zitrone

Das Öl in einer Pfanne erhitzen. Die Knoblauchzehen schälen und durch die Presse dazudrücken.
Die Gambas mit dem Knoblauch in das Öl geben und 5 Minuten von beiden Seiten garen. Die Zitrone achteln und zu den Gambas mit einer Kräuter-Mayonnaise (Rezept s. Seite 85) und Weißbrot servieren.

Abbildung rechts

Tzatziki – Griechischer Gurkentopf

250 g Speisequark, 100 ml Sahne, Salz, weißer Pfeffer, 6 Knoblauchzehen, 2 kleine Gewürzgurken, 1 Salatgurke, 1 Bund Schnittlauch, 1 Bund Dill, schwarzer Pfeffer

Den Quark mit der Sahne verrühren und mit Salz und Pfeffer abschmecken. Die Knoblauchzehen schälen und durch die Presse drücken. Die Gewürzgurken in Würfel schneiden. Die Salatgurke schälen, der Länge nach halbieren und mit einem Teelöffel die Kerne herausschaben. Die Gurke raspeln und mit der Quarkmasse verrühren. Die Kräuter waschen, fein schneiden, mit dem Knoblauch und der Gewürzgurke zugeben. Mit frisch gemahlenem Pfeffer nochmals abschmecken. Mit Weiß- oder Schwarzbrot servieren.

Tintenfischsalat

400 g tiefgefrorene Tintenfische, je 1 rote und grüne Paprikaschote, 1 Zwiebel, 2 Knoblauchzehen, 2 Tomaten. Für die Marinade: 2 EL Weinessig, 4 EL Olivenöl, Salz, weißer Pfeffer, 1 Bund Petersilie

Die Tintenfische waschen und trockentupfen, dann in fingerdicke Scheiben schneiden. Die Paprikaschoten putzen, waschen und in Streifen schneiden. Die Zwiebel und die Knoblauchzehen schälen und klein würfeln. Die Tomaten waschen und achteln. Für die Marinade Essig, Olivenöl, Salz und frisch gemahlenen Pfeffer und die gewaschene und feingehackte Petersilie miteinander vermischen. Tintenfischringe, Paprikaschoten, Zwiebeln, Knoblauch und Tomaten zufügen, dann durchmischen. Den Salat gut durchziehen lassen und kühl servieren.

Boquerones

1 großes Glas eingelegter Kronsild oder andere kleine Fische, 10 Knoblauchzehen, 2 Bund Petersilie, Olivenöl

Die Fischchen aus dem Glas nehmen, die Sauce wegschütten und unter fließendem kaltem Wasser gut abspülen. Wieder ins Glas zurückgeben und mit Wasser auffüllen. Einige Stunden wässern. Danach nochmals waschen und gut abtropfen lassen. Den Knoblauch schälen und fein hacken. Die Petersilie waschen und kleinschneiden. Die Fische mit dem Knoblauch und der Petersilie schichtweise in ein Glas mit verschließbarem Deckel legen, mit dem Olivenöl auffüllen, so daß die Fische bedeckt sind und einen Tag, gut gekühlt, ziehen lassen. (Nicht in den Kühlschrank stellen!) Mit Weißbrot servieren.

Knoblauch-Muscheltopf

1 kg Miesmuscheln, 1 Zwiebel, 4 Knoblauchzehen, 2 EL Butter, 400 ml Fischfond, 250 ml Weißwein, 1 Lorbeerblatt, 1/2 TL weißer Pfeffer, 4 Karotten, 1 Stange Lauch, 1 Fenchelknolle, 500 g Kabeljau, 200 ml Sahne, 2 Eigelb, Salz, weißer Pfeffer

Die Muscheln unter kaltem fließenden Wasser waschen, den Bart entfernen und geöffnete wegwerfen. Die Zwiebel und die Knoblauchzehen schälen und würfeln bzw. hacken. Die Butter in einem Topf erhitzen und die Zwiebeln mit dem Knoblauch andünsten. Mit Fischfond und Weißwein aufgießen, Lorbeerblatt und Pfeffer zufügen, dann zum Kochen bringen. Die Muscheln zugeben und 15 Minuten kochen, bis alle Schalen geöffnet sind, mit einem Schaumlöffel herausheben. Geschlossene aussortieren und wegwerfen. Die Karotten schälen und in Scheiben schneiden. Den Lauch putzen, waschen und in Ringe schneiden. Den Fenchel putzen, waschen und in Streifen schneiden. Den Fisch waschen, trockentupfen und in 4 cm große Stücke schneiden. Das Gemüse in die Fischbrühe geben und 10 Minuten leicht kochen, nach 5 Minuten den Fisch zugeben und gar ziehen lassen. Die Sahne mit den Eigelben verrühren, und den Fischtopf vom Herd nehmen. Vorsichtig die Sahne-Ei-Mischung einrühren, die Muscheln zufügen, nochmals erhitzen.

Die Muscheln dürfen nun nicht mehr kochen. Mit Salz und frisch gemahlenem Pfeffer abschmecken.

Mit Stangenweißbrot als Vorspeise servieren.

Marinierte Zucchini

*500 g Zucchinis, 1 Zwiebel, 3 Knoblauchzehen,
125 ml Olivenöl, 125 ml Weißwein, 2 EL Essig, 2 TL scharfer Senf,
Salz, schwarzer Pfeffer*

Die Zucchinis waschen und in Scheiben schneiden. Die Zwiebel und die Knoblauchzehen schälen und würfeln. Das Öl in einen Topf geben und die Zwiebel- und Knoblauchwürfel andünsten. Mit Wein und Essig ablöschen, die Zucchinis, den Senf zugeben und 5 Minuten schmoren lassen. Mit Salz und frisch gemahlenem Pfeffer abschmecken. Heiß als Beilage oder kalt als Vorspeise servieren.

Geschmorte Paprikaschoten

*Je 2 rote, grüne und gelbe Paprikaschoten,
4 EL Olivenöl, 2 Zwiebeln, 6 Knoblauchzehen, 1 Zitrone, Salz,
schwarzer Pfeffer*

Die Paprikaschoten auf einem Backblech bei 250 Grad im vorgeheizten Backofen von allen Seiten ca. 20 Minuten rösten. Sobald die Haut Blasen wirft, herausnehmen unter kaltem Wasser abspülen und schälen. Die Schoten halbieren, entkernen und in breite Streifen schneiden. Das Öl in einem Topf erhitzen. Die Zwiebeln und Knoblauchzehen schälen, in Scheiben schneiden, dann in dem Öl goldgelb andünsten. Die Paprikastreifen zufügen und 10 Minuten dünsten. Die Zitrone auspressen. Mit Salz, frisch gemahlenem Pfeffer und dem Zitronensaft abschmecken. Warm oder kalt als Beilage oder Vorspeise servieren.

Feldsalat mit Feigen und Mozzarella

200 g Feldsalat, 250 g frische Feigen, 200 g Mozzarella.
Für die Sauce: 250 ml Weißwein, 2 EL Essig-Essenz, 3 EL Olivenöl, Salz, schwarzer Pfeffer, 2 TL Zucker, 2 TL scharfer Senf

Den Feldsalat putzen, gut waschen und abtropfen lassen. Die Feigen waschen und achteln. Den Mozzarella in dünne Scheiben schneiden, mit dem Feldsalat und den Feigen auf vier Portionstellern anrichten.

Aus Wein, Essig-Essenz, Öl, Salz, frisch gemahlenem Pfeffer, Zucker und Senf eine Sauce rühren. Das Dressing über die Salatportionen gießen und servieren.

Abbildung oben

Fleisch-gerichte

Wildgulasch

150 g durchwachsener Speck, 1 kg Wildgulasch (Reh, Hase, Hirsch), 1 Zwiebel, 4 Knoblauchzehen, 2 Karotten, 1/4 Sellerieknolle, 1 Stange Lauch, 2 Zweige Thymian, 1 Lavendelzweig, 1 Lorbeerblatt, 4 Wacholderbeeren, Salz, schwarzer Pfeffer, 250 ml Rotwein, 750 ml Wildfond , 150 g geschälte rote Linsen, 175 g Spätzle, 4 cl Sherry Medium, 1 EL Rotweinessig, 1 TL Zucker, 2 EL Tomatenmark, 100 ml saure Sahne

Den Speck in Streifen schneiden und in einem Topf auslassen. Das gewürfelte Wildfleisch darin rundum anbraten. Die Zwiebel und die Knoblauchzehen schälen und in Scheiben schneiden, zum Fleisch geben und andünsten. Die Karotten und den Sellerie schälen und in Stifte schneiden. Den Lauch putzen, waschen und in Ringe schneiden. Das Gemüse zum Gulasch geben und 10 Minuten mitdünsten. Die Kräuter waschen und mit den Gewürzen zum Fleisch geben. Mit Rotwein und dem Wildfond aufgießen, dann 60 Minuten bei geringer Hitze schmoren lassen. Die Linsen und die Spätzle zugeben, eventuell noch etwas Wildfond dazutun und 20 Minuten weiterkochen lassen. Mit Sherry, Essig, Zucker, Salz, frisch gemahlenem Pfeffer und Tomatenmark abschmecken. Zum Schluß die saure Sahne unterrühren und das Gulasch heiß mit Spätzle und Preiselbeeren servieren.

Lamm-Gemüse-Schüssel

(für 6 Personen)

*750 g Lammfleisch, 2 EL Olivenöl, 1 1/2 l Brühe,
250 g Karotten, 250 g weiße Rüben, 250 g Lauch, 500 g Kartoffeln,
100 g durchwachsener Speck, 1 Zwiebel, 1/2 Bund Petersilie*

Das Fleisch waschen, trockentupfen und in Würfel schneiden. Das Öl in einem Topf erhitzen, und das Fleisch rundum anbraten. Mit der Brühe aufgießen und zugedeckt 45 Minuten leicht kochen lassen. Die Karotten und die Rüben schälen und in Scheiben schneiden. Den Lauch putzen, in Ringe schneiden und waschen. Die Kartoffeln schälen und in Scheiben schneiden. Das Gemüse 30 Minuten vor Ende der Garzeit zum Fleisch geben. Den Speck fein würfeln und auslassen. Die Zwiebel schälen und würfeln, dann im ausgelassenen Speck andünsten. Die Petersilie waschen und kleinhacken. Die Lamm-Gemüseschüssel vor dem Servieren mit der Speck-Zwiebel-Mischung begießen und mit Petersilie bestreuen, dazu schmeckt frisches Brot.

Schmankerltopf

*750 g Kalbfleisch, 5 EL Öl, Salz, schwarzer Pfeffer,
1 Bund Frühlingszwiebeln, 3 Knoblauchzehen, 2 rote Paprikaschoten,
2 Kohlrabi, 1 Zweig Thymian, 10 schwarze, entsteinte Oliven,
125 ml Brühe, 200 ml saure Sahne, 1 Bund gemischte Kräuter*

Das Fleisch waschen, trockentupfen und in Streifen schneiden. Das Öl in einer Pfanne erhitzen, und das Fleisch darin rundum anbraten. Mit Salz und frisch gemahlenem Pfeffer abschmecken. Die Frühlingszwiebeln putzen, waschen und in Ringe schneiden. Die Knoblauchzehen schälen und durch die Presse drücken. Beides zum Fleisch geben und glasig dünsten. Die Paprikaschoten waschen, halbieren und entkernen, dann in Stücke schneiden. Die Kohlrabi schälen und wür-

feln. Den Thymian waschen und von den Stengeln zupfen. Das Gemüse und die Oliven zum Fleisch geben, andünsten. Mit dem frischem Thymian abschmecken, der Brühe aufgießen und im geschlossenen Topf 30 Minuten garen. Die Kräuter waschen und kleinhacken. Zum Schluß die Sahne und die Kräuter unterrühren.
Den Topf heiß mit frischem Stangenweißbrot servieren.

Rinderbrust mit Petersiliensauce

1 kg gepökelte Rinderbrust, 1 Bund Suppengrün, 2 Zwiebeln, 6 Pfefferkörner, 1 Lorbeerblatt, 1 1/2 l Wasser. Für die Sauce: 5 Bund glatte Petersilie, 1 Päckchen Kresse, 2 Knoblauchzehen, 200 g Zwiebeln, 125 ml Öl, Salz, 2 TL Essig-Essenz, 1 Msp. Cayennepfeffer, schwarzer Pfeffer, Zucker

Die Rinderbrust kalt abwaschen. Das Suppengrün putzen, grob zerkleinern, die Zwiebeln schälen, achteln, mit den Pfefferkörnern und Lorbeerblatt ins Wasser geben, dann aufkochen lassen. Die Rinderbrust zugeben und ca. 2 Stunden garen. Für die Sauce die Petersilie waschen, von den Stielen zupfen und fein hacken. Die Kresse waschen und die Blättchen abschneiden. Die Knoblauchzehen schälen und durch die Presse drücken. Die Zwiebel schälen und fein würfeln . Alles mit dem Öl verrühren und mit Cayennepfeffer und frisch gemahlenem Pfeffer, Zucker und Essig-Essenz scharf und süßsauer abschmecken.
Das Fleisch aus dem Sud nehmen und kalt oder warm in Scheiben geschnitten mit der Petersiliensauce servieren. *Abbildung rechts*

Rinderbrust mit Petersiliensauce

Kaninchen in Knoblauchsauce

(für 6 Personen)

1, 5 kg Kaninchen, 500 g Schalotten, 4 Knoblauchzehen, 4 EL Olivenöl, 1 Salbeizweig, Salz, schwarzer Pfeffer, 3 EL Mehl, 500 ml Buttermilch, 2 EL Weinbrand

Das küchenfertige Kaninchen waschen, trockentupfen und in acht Teile zerlegen. Die Schalotten und die Knoblauchzehen schälen. Das Olivenöl in einem Topf erhitzen, die Schalotten, den Knoblauch und den Salbei anbraten, dann herausnehmen. Die Kaninchenteile im Öl rundum anbraten, mit Salz und frisch gemahlenem Pfeffer abschmecken, dann mit Mehl bestäuben. Die Schalotten, Knoblauch, Salbei und die Buttermilch zugeben und im geschlossenem Topf 60 Minuten schmoren lassen. Die Sauce mit Weinbrand abschmecken und das Kaninchen mit Nudeln in der Knoblauchsauce servieren.

Hirtentopf

Für den Sud: 1 l Gemüsebrühe, 2 Knoblauchzehen, 1 Stück Zitronenschale, 1 EL weiße Pfefferkörnern, 1 Lorbeerblatt. Außerdem: 750 g Schweinefleisch, 1 EL Mehl, 1 EL Butter, 600 g tiefgefrorene Erbsen. Für die Sauce: 2 Eigelb, 125 ml saure Sahne, 1 EL Zitronensaft, Salz, weißer Pfeffer

Für den Sud die Gemüsebrühe mit den ungeschälten Knoblauchzehen, Zitronenschale, Pfefferkörnern und dem Lorbeerblatt aufkochen. Das Fleisch waschen und trockentupfen. In den Sud einlegen und im geschlossenen Topf 90 Minuten garen. Abkühlen lassen und in nicht zu kleine Würfel schneiden. Die Brühe durch ein Sieb gießen, in den Topf zurückgeben und auf die Hälfte reduzieren. Mehl und Butter miteinander verkneten, zur Brühe geben und aufkochen. Die Erbsen und das Fleisch zugeben und 5 Minuten ziehen lassen. Fleisch und Gemüse in eine vorgewärmte Terrine füllen. Die Eigelbe mit dem Rahm verquirlen und die Sauce legieren.
Mit Zitronensaft, Salz und frisch gemahlenem Pfeffer abschmecken. Die Sauce über das Fleisch geben, mit Nudeln oder Spätzle und buntem Salat servieren.

Bohnentopf

750 g Lammfleisch aus der Schulter, Salz, schwarzer Pfeffer, 4 EL Olivenöl, 1 Zwiebel, 2 Knoblauchzehen, 1 1/2 l Fleischbrühe, 500 g grüne Bohnen, 500 g Fleischtomaten, 150 g Langkornreis, Salz, 1 Bund Petersilie

Das Fleisch waschen, trockentupfen und in Würfel schneiden. Mit Salz und frisch gemahlenem Pfeffer würzen. Das Öl in einer Pfanne erhitzen und die Fleischwürfel anbraten. Die Zwiebel schälen und klein würfeln. Die Knoblauchzehen schälen und durch die Presse drücken. Beides zum Fleisch geben und andünsten. Mit der Brühe aufgießen und 75 Mi-

nuten garen lassen. Die Bohnen putzen, waschen, eventuell brechen. Die Tomaten kurz in kochendes Wasser tauchen, häuten, vierteln, entkernen und in grobe Stücke zerteilen. Die Bohnen und den Reis 20 Minuten vor Ende der Garzeit zugeben, mit Salz abschmecken.
10 Minuten vor Kochende die Tomaten beifügen. Die Petersilie waschen, kleinhacken und vor dem Servieren über den Bohnentopf streuen.

Hasentopf Provençale

(für 6 – 8 Personen)

1 kg Hasen-Hinterschlegel, 1 kg Kaninchen-Hinterschlegel, Salz, schwarzer Pfeffer, 200 g durchwachsener Speck, 3 Zwiebeln, 4 Knoblauchzehen, 1 Zweig Rosmarin, 2 Zweige Salbei, 1 Zweig Lavendel, 250 g getrocknete, entsteinte Pflaumen, 200 g Rosinen, 5 Wacholderbeeren, 1 Nelke, 1 Lorbeerblatt, 2 Saucenlebkuchen, 0,7 l Rotwein

Das Fleisch waschen, trockentupfen und in grobe Stücke zerteilen. Mit Salz und Pfeffer einreiben. Den Speck in dünne Scheiben schneiden und in einer Pfanne auslassen, herausnehmen. Das Fleisch in dem Fett 10 Minuten rundum anbraten. Die Zwiebeln und die Knoblauchzehen schälen und würfeln. Die Kräuter waschen und kleinhacken. In einem großen Topf die Speckscheiben, das Fleisch, die Zwiebel- und Knoblauchwürfel abwechselnd mit den Pflaumen, Rosinen mit den Gewürzen einschichten. Über jede Lage eine dünne Schicht von dem Saucenlebkuchen reiben. Die Flasche Rotwein seitlich hineinschütten und den Topf zum Kochen bringen. Bei geringer Hitze 90 Minuten leicht kochen lassen. Mit Bauernspätzle und Rotwein servieren.

Lammkeule mit Zwiebeln und Paprika

(für 4 – 6 Personen)

Für die Marinade: 250 ml Weißwein, 2 EL Essig-Essenz, 2 Zwiebeln, 2 Knoblauchzehen, je 1 TL Rosmarin, Thymian, Oregano, 4 TL Öl, 10 weiße Pfefferkörner. Für den Braten: 250 ml Wasser, 1 Lammkeule (ca. 2 kg), Salz, schwarzer Pfeffer, 3 EL Öl, 1 kg kleine Zwiebeln, 50 g Butter, 1 EL Zucker, 500 ml Fleischbrühe, je 1 rote und gelbe Paprikaschote, 4 EL Crème fraîche, 1 EL Mehl. Zum Garnieren: 2 Zweige frischer Oregano

Aus Weißwein, Essig-Essenz, den geschälten und in Ringe geschnittenen Zwiebeln, den geschälten und zerdrückten Knoblauchzehen, Kräutern, Öl und zerstoßenen Pfefferkörnern eine Marinade herstellen. Die Marinade in eine Deckelschüssel geben, die Lammkeule einlegen und unter Wenden 24 Stunden ziehen lassen. Den Backofen auf 220 Grad vorheizen. Das Wasser in die Fettpfanne des Backofen gießen. Die Lammkeule aus der Marinade nehmen, gut abtrocknen, mit Salz und frisch gemahlenem Pfeffer rundum einreiben. Mit Öl einpinseln und 30 Minuten bei 220 Grad garen. Dann gut 2 Stunden bei 180 Grad langsam weitergaren lassen. Nach und nach mit der durchgesiebten Marinade begießen. Die Zwiebeln schälen, in Butter und Zucker goldgelb anbraten. Die Fleischbrühe zugießen und 15 Minuten garen. Inzwischen die Paprikaschoten putzen, waschen, halbieren, entkernen und in Stücke schneiden. Dazugeben und noch 15 Minuten mitgaren. Für die Sauce den Gemüsesud und den Bratensaft aufkochen, mit der Crème fraîche verrühren und mit dem angerührten Mehl binden. Eventuell noch mit Zucker und Essig-Essenz abschmecken.

Die Lammkeule mit dem Gemüse auf einer Platte anrichten, eventuell mit einigen frischen Oreganoblättchen bestreuen. *Abbildung rechts*

Hähnchen in Wermut

1 Hähnchen (1,2 kg), Salz, schwarzer Pfeffer, 2 Zwiebeln, 3 Knoblauchzehen, 3 EL Butterschmalz, 4 cl Weinbrand, 1/2 Flasche weißer Wermut, 1 große Dose Tomaten, 250 ml Sahne, 20 g Mehl, 1 TL Zucker

Das Hähnchen waschen, trockentupfen und portionieren. Die Teile mit Salz und frisch gemahlenem Pfeffer einreiben. Die Zwiebeln und die Knoblauchzehen schälen und in Würfel schneiden. Das Butterschmalz in einem Topf zerlassen und die Geflügelteile rundum anbraten, mit dem Weinbrand ablöschen und flambieren. Zwiebeln und Knoblauch zugeben und 5 Minuten im geschlossenen Topf mitdünsten. Mit dem Wermut aufgießen, bei geringer Hitze zugedeckt 30 Minuten schmoren. Die Tomaten abtropfen lassen und 10 Minuten vor Garende etwas zerkleinert zugeben. Die Sahne mit dem Mehl verquirlen und unter die Sauce rühren.
Nochmals aufkochen lassen, bis die Sauce eindickt. Mit dem Zucker abschmecken.
Das Hähnchen in der Sauce mit Reis oder Weißbrot servieren.

Hähnchen in Tomaten – Knoblauchsauce

1 Hähnchen (1,2 kg), Salz, weißer Pfeffer, 4 EL Butter, 75 ml Geflügelfond. Für die Sauce: 4 Schalotten, 8 Knoblauchzehen, 500 g Cocktailtomaten, 4 El Weißwein, 400 ml Crème fraîche, 1/2 Bund Basilikum, 1 EL Zitronensaft

Das Hähnchen waschen, trockentupfen und portionieren. Die Teile mit Salz und frisch gemahlenem Pfeffer einreiben. Die Butter in einem Topf zerlassen und die Geflügelteile rundum anbraten. Den Geflügelfond zugeben, und die Teile 25 Minuten zugedeckt bei mäßiger

Hitze schmoren lassen. Für die Sauce Schalotten und Knoblauchzehen schälen und fein hacken. Die Tomaten kurz in kochendes Wasser tauchen, häuten und beiseite stellen. Zwiebeln, Knoblauch und Tomaten in den Topf geben, dann andünsten. Mit dem Weißwein aufgießen und 5 Minuten garen. Die Crème fraîche unterrühren und etwas einkochen lassen, bis die Sauce sämig wird. Das Basilikum waschen, kleinschneiden und mit dem Zitronensaft untermischen, nochmals abschmecken und kurz erwärmen. Das Hähnchen in der Sauce heiß servieren. Dazu Kartoffelpüree oder Reis reichen.

Rehgulasch mit Backpflaumen

150 g durchwachsener Speck, 1 kg Rehgulasch, 6 Schalotten, 3 Knoblauchzehen, 1 Karotte, 1/4 Sellerieknolle, 1 Stange Lauch, 250 g getrocknete, entsteinte Backpflaumen, 2 Zweige Thymian, 1 Lavendelzweig, 1 Lorbeerblatt, 4 Wacholderbeeren, 2 Nelken, Salz, schwarzer Pfeffer, 500 ml Rotwein, 250 ml Wildfond , 125 ml Rotweinessig, 2 EL Mehl, 3 EL Johannisbeergelee, 1 EL Zucker, Salz, weißer Pfeffer, 2 EL Tomatenmark, 100 ml Sahne

Den Speck in Streifen schneiden und in einem Topf auslassen. Das Rehfleisch darin rundum anbraten. Die Schalotten und die Knoblauchzehen schälen, in Scheiben schneiden, danach zum Fleisch geben und andünsten. Die Karotte und den Sellerie schälen, dann in Stifte schneiden. Den Lauch putzen, waschen und in Ringe schneiden. Das Gemüse und die Pflaumen zum Gulasch geben und 20 Minuten mitdünsten. Die Kräuter waschen und mit den Gewürzen zum Fleisch geben. Mit Rotwein, Wildfond und Essig aufgießen, dann 70 Minuten bei geringer Hitze schmoren lassen. Mit Mehl bestäuben und mit Johannisbeergelee, Zucker, Salz, frisch gemahlenem Pfeffer und Tomatenmark abschmecken. Zum Schluß die Sahne unterrühren.

Mit Spätzle oder Salzkartoffeln servieren.

Gemüseterrine mit Fleischklößchen

500 g gemischtes Hackfleisch, 1 Brötchen, 1 Ei, Salz, schwarzer Pfeffer, 1 Prise Muskat, 100 g Speck, 300 g Zwiebeln, 4 Knoblauchzehen, je 1 grüne und rote Paprikaschote, 375 g Zucchini, 300 g kleine Tomaten, 125 ml Fleischbrühe, 125 ml Rotwein, 1 EL Essig-Essenz, 1 TL Zucker, 1 EL Kräuter der Provence, 1 TL gemahlene Korianderkörner, 4 EL Crème fraîche

Das Brötchen in Wasser einweichen, dann ausdrücken. Aus Hackfleisch, Brötchen, Ei, Salz, frisch gemahlenem Pfeffer und Muskat einen Fleischteig herstellen. Den Speck würfeln und in einer Pfanne auslassen. Die Zwiebeln und Knoblauchzehen schälen und würfeln. Einen Teil der Zwiebeln und die Speckwürfel unter den Fleischteig mischen, dann kleine, ca. 6 cm lange Fleischröllchen, formen und in dem Speckfett braten. Die Fleischbällchen beiseite stellen. Die Paprikaschoten putzen, waschen, halbieren, entkernen und in Stücke schneiden. Die Zucchini und Tomaten waschen, dann kleinschneiden. Dabei den Stielansatz entfernen. Zwiebeln, Knoblauch, Paprikaschoten, Zucchini und Tomaten in dem Bratenfett andünsten. Mit Fleischbrühe und Wein aufgießen, mit Essig-Essenz, Zucker, Kräutern und Korinander abschmecken. 20 Minuten schmoren lassen. 5 Minuten vor Ende der Garzeit die Fleischröllchen zugeben und mit erhitzen. Zum Schluß die Crème fraîche unterrühren und heiß servieren. *Abbildung links*

Hähnchen in Estragonsauce

1 Hähnchen (1,2 kg), Salz, weißer Pfeffer, 4 EL Butter, 3 EL Geflügelfond, 4 Schalotten, 2 Knoblauchzehen, 100 g Champignons, 4 EL Weinbrand, 4 El Weißwein, 400 ml Crème fraîche, 2 Eigelb, 2 Bund Estragon, 1 EL Zitronensaft

Das Hähnchen waschen, trockentupfen und portionieren. Die Teile mit Salz und frisch gemahlenem Pfeffer einreiben. Die Butter in einem Topf zerlassen und die Geflügelteile rundum anbraten. Den Geflügelfond zugeben, und die Teile 25 Minuten zugedeckt bei mäßiger Hitze schmoren lassen. Die Schalotten und die Knoblauchzehen schälen und fein hacken. Die Champignons putzen, wenn nötig waschen und blättrig aufschneiden. Zwiebeln, Knoblauch und Champignons in den Topf geben und andünsten. Mit Weinbrand und Weißwein aufgießen und 5 Minuten garen. Die Crème fraîche mit den Eigelben verrühren, zugeben und leicht erwärmen, die Sauce darf nicht mehr kochen.

Den Estragon waschen, kleinschneiden und mit dem Zitronensaft untermischen, nochmals kurz erwärmen, aber nicht mehr kochen. Das Hähnchen in der Sauce servieren.

Leichter Fisch

Bunter Fischtopf

500 g Steinbutt, 1 Seezunge, 500 g Rotbarsch, Saft von 1 Zitrone, 8 Jakobsmuscheln, 3 mittlere Tomaten, 2 Karotten, 2 Zucchini, 2 mittlere Zwiebeln, 3 Knoblauchzehen, 4 EL Öl, 400 ml Fischfond, Salz, weißer Pfeffer

Den Steinbutt und die Seezunge filieren oder beim Händler machen lassen, den Rotbarsch waschen. Den Fisch in Stücke schneiden, mit Zitronensaft beträufeln und leicht salzen. Die Jakobsmuscheln waschen, die Tomaten kurz in kochendes Wasser tauchen, häuten, vierteln und entkernen, dann in Spalten aufteilen. Die Karotten schälen und mit den Zucchinis in dünne Scheiben schneiden. Die Zwiebeln und die Knoblauchzehen schälen und fein würfeln. Das Öl in einem Topf erhitzen, die Zwiebel- und Knoblauchwürfel darin andünsten. Die Karotten und Zucchini zugeben, mit dem Fischfond ablöschen und bei schwacher Hitze 10 Minuten garen. Die Fischwürfel und die Jakobsmuscheln in kochendes Salzwasser geben. 5 Minuten ziehen, mit der Schaumkelle herausnehmen und abtropfen lassen. Mit den Tomaten zum Gemüse geben, alles nochmals aufkochen und mit Salz und frisch gemahlenem Pfeffer abschmecken.

Fischragout

800 g Kabeljaufilet, 1 EL Zitronensaft, Salz, 1 kleine Zwiebel, 2 Knoblauchzehen, 125 g Sellerie, 1 Karotte, 100 g Champignons, 2 EL Butter, 30 g Mehl, 350 ml Weißwein, 150 ml Wasser, 100 g Krabbenfleisch, 100 ml Sahne, 1 EL gehackter Dill

Das Fischfilet in 3 cm große Würfel schneiden. Mit dem Zitronensaft säuern, 10 Minuten ziehen lassen und salzen. Die Zwiebel, die Knoblauchzehen und den Sellerie schälen, dann würfeln. Die Karotte schälen und in Scheiben schneiden. Die Champignons putzen und blättrig aufschneiden. Die Butter in einem Topf erhitzen, und das Gemüse 5 Minuten andünsten. Das Mehl darüberstäuben und goldgelb anschwitzen lassen. Mit Wein und Wasser auffüllen und 10 Minuten bei schwacher Hitze kochen. Die Champignons und den Fisch zugeben und bei mäßiger Hitze 12 Minuten ziehen lassen. Vom Herd nehmen, die Krabben und die Sahne unterheben, nochmals erhitzen aber nicht mehr kochen lassen.
Mit dem Dill abschmecken, eventuell nachwürzen und mit Reis oder Kartoffeln servieren.

Knoblauch-Forelle

4 Forellen (1, 2 kg), Salz, Peffer, 1 Bund Petersilie, 4 Knoblauchzehen, 1 EL Mehl, 60 g Butter, 1 Zitrone

Die ausgenommenen Forellen gründlich waschen und trockentupfen. Innen und außen mit Salz und Pfeffer einreiben. Die Petersilie waschen und jeweils ein paar Stengel in den Bauch der Fische stecken. Die Knoblauchzehen schälen, in Scheiben schneiden und ebenfalls in die Forellen geben. Das Mehl über die Fische stäuben und die Butter in der Pfanne erhitzen. Die Fische von beiden Seiten je 8 Minuten braten, bis sie schön braun sind. Mit Petersilienkartoffeln, Zitronenspalten, flüssiger Butter und Feldsalat servieren.

Gemüse-Fischsuppe

Für den Fischsud: 2 l Wasser, 1 TL Salz, 1 Zwiebel, 3 Knoblauchzehen, 1 Lorbeerblatt, 4 Nelken, 1 TL schwarze Pfefferkörner, 1 kg Fischabfälle wie Köpfe, Gräten, Schwänze, 2 küchenfertige Makrelen, 2 Bund Suppengrün. Außerdem: 1 Stange Lauch, 2 Karotten, 1 Zwiebel, 1 rote und 1 grüne Paprikaschote, 100 ml Crème fraîche, 2 Eigelb, Salz, weißer Pfeffer, 1 TL Essig-Essenz, 125 ml Weißwein

Für den Fischsud das Wasser mit dem Salz zum Kochen bringen und die Gewürze zugeben. In der Zwischenzeit die Fischabfälle und die Makrelen unter fließendem kalten Wasser waschen, abtropfen lassen. Von den Makrelen die Flossen und den Kopf abschneiden und zum Fischsud geben. Das Suppengrün putzen, waschen, mit den Fischabfällen ins kochende Wasser geben, 60 Minuten sieden lassen. Die Makrelen für 30 Sekunden zugeben, dann herausnehmen, häuten, filieren und beiseite stellen. Den Lauch putzen, waschen und in Ringe schneiden. Die Karotten, die Zwiebel und Knoblauchzehen schälen und in Scheiben schneiden bzw. würfeln. Die Paprikaschoten waschen, halbieren, entkernen und in Streifen schneiden. Den Fischsud durch ein Sieb gießen und in einem flachen breiten Topf auf die Hälfte reduzieren. Das Gemüse hinzugeben und die Makrelenfilets einlegen, 10 Minuten ziehen lassen, herausheben und in Stücke zerteilen. Die Crème fraîche mit den Eigelben verquirlen, dann die Suppe damit legieren. Mit Salz, frisch gemahlenem Pfeffer, Essig-Essenz und dem Wein abschmecken. Nicht mehr kochen lassen. Die Fischstücke wieder zufügen und zusammen mit Reis heiß servieren. *Abbildung rechts*

Seezunge auf Paprikagemüse

8 Seezungenfilets, 2 Eiweiß, 1 Prise Salz, 1 TL Speisestärke, 1/2 TL Backpulver. Zum Ausbacken: 2 EL Butterschmalz

Die küchenfertigen Seezungenfilets in ca. 5 cm lange und 3 cm breite Streifen schneiden. Die Eiweiße, das Salz, die Speisestärke und das Backpulver zu einem glatten Teig verrühren. Die Fischstücke durch den Teig ziehen, sofort in die Pfanne legen und auf jeder Seite ca. 3 Minuten ausbacken. Heraus nehmen, abtropfen lassen und warm stellen.
Das Paprikagemüse auf einer vorher gut angewärmten Servierplatte (Rezept s. Seite 45) anrichten, die Fischstücke darauf legen und servieren.

Hecht auf Gemüse

1 küchenfertiger Hecht (je 1,2 kg), 1 Zitrone, Salz. Für den Gemüsesud: 1 Zwiebel, 2 Knoblauchzehen, 2 Stangen Lauch, 2 Karotten, 1/4 Sellerieknolle, 60 g Butter, 1 l Wasser, 250 ml Weißwein, Salz, 2 EL Fischgewürz, 1 Bund Dill, 1 Bund Petersilie, 1/2 Bund Estragon

Den Hecht unter kaltem Wasser abspülen und trockentupfen. Die Zitrone auspressen und den Saft über den Fisch träufeln. Den Fisch etwas stehenlassen und innen und außen salzen. Für den Sud die Zwiebel und Knoblauchzehen schälen, dann in dünne Scheiben schneiden. Den Lauch putzen, waschen und in Ringe schneiden. Die Karotten und den Sellerie schälen und in feine Streifen schneiden. Die Butter in einem großen Topf erhitzen, Zwiebelringe, Knoblauch und das Gemüse kurz andünsten. Mit Wasser und Wein aufgießen, mit Salz würzen. Das Fischgewürz zugeben und 5 Minuten kochen lassen. Den Fisch in den

Sud einlegen, aufkochen und bei geöffneten Deckel 15 – 20 Minuten gar ziehen lassen. Die Kräuter waschen und 5 Minuten vor Garende zum Fisch geben. Den Hecht vorsichtig herausheben. Das Gemüse auf einer Platte anrichten, und den Fisch darauf legen.
Mit Salzkartoffeln, zerlassener Butter und Salaten servieren.

Paprikagemüse

500 g gelbe, grüne und rote Paprikaschoten, 2 Zwiebeln, 3 Knoblauchzehen, 40 g Butter, 5 EL Fleischbrühe, Salz, schwarzer Pfeffer

Die Paprikaschoten putzen, halbieren, Kerne entfernen und waschen. Abtropfen lassen und in Streifen schneiden. Die Zwiebeln und die Knoblauchzehen schälen und würfeln. Die Butter in einem Topf zerlassen, die Paprikastreifen, Zwiebel- und Knoblauchwürfel darin 5 Minuten andünsten. Die Fleischbrühe zugeben und mit Salz und frisch gemahlenem Pfeffer abschmecken, nochmals 10 Minuten garen lassen.

Gefüllte Makrelen mit Knoblauch

4 Makrelen, 1 unbehandelte Zitrone, 1 Bund Dill,
1 Bund Petersilie, 1 Zwiebel, 3 Knoblauchzehen, 3 EL weiche Butter,
2 TL grünen Pfeffer, 2 TL Kapern, 2 TL Paniermehl, 2 TL Senf,
2 Eier, Salz, Muskatnuß, Worcestersauce, 250 g Lauch,
50 g Schalotten, 2 Lorbeerblätter, 125 ml Weißwein

Die Makrelen vom Fischhändler ausnehmen und entgräten lassen. Vom Rücken aus ausnehmen lassen, so daß der Bauch geschlossen bleibt. Die Fische innen und außen gründlich waschen und trockentupfen. Die Schale der Zitrone abreiben und beiseite stellen. Die Zitrone auspressen, die Makrelen von innen und außen mit Zitronensaft beträufeln, ca. 10 Minuten ziehen lassen. Die Kräuter waschen und fein hacken. Zwiebel und Knoblauchzehen schälen und klein würfeln. Die Kräuter und die Zwiebeln mit der Butter mischen. Den grünen Pfeffer, Kapern, Paniermehl, Senf und Eier zugeben und durchmischen. Mit Salz, Muskatnuß, Zitronenschale und Worcestersauce abschmecken. Die Makrelen leicht salzen und die Fische damit füllen, die Öffnung mit einem Holzspieß verschließen. Den Lauch putzen, waschen und in Ringe schneiden. Die Schalotten schälen und fein würfeln. Mit den Lorbeerblättern und dem Wein in eine feuerfeste Form geben. Die Makrelen darauf legen und im vorgeheizten Backofen bei 220 Grad zugedeckt 20 Minuten garen. Den Deckel abnehmen und weiter 10 Minuten bräunen. In der Form auf den Tisch bringen. *Abbildung links*

Meeresfrüchte-Topf

250 g Shrimps, 1 Langustenschwanz, 500 g Miesmuscheln, 600 g Okraschoten, 1 1/2 l Wasser, Salz, 1 Karotte, 1 Staudensellerie, 1 Bund Frühlingszwiebeln, 250 g Cocktailtomaten, 3 Chilischoten, 2 Knoblauchzehen, 4 EL Olivenöl, Saft von 1 Zitrone, 400 ml Geflügelfond, 1 EL Hummer-Basis, 2 EL gehackte gemischte Kräuter

Die Shrimps, den Langustenschwanz und die Muscheln unter fließendem kalten Wasser waschen, die Därme herausziehen und bei den Muscheln den Bart entfernen. Die Okras putzen, waschen, im Salzwasser 5 Minuten garen, abgießen und beiseite stellen. Die Karotte schälen und in Scheiben schneiden. Den Staudensellerie und die Frühlingszwiebeln putzen, waschen und in Ringe schneiden. Die Tomaten kurz in kochendes Wasser tauchen und häuten. Die Chilischoten waschen, entkernen und klein würfeln. Die Knoblauchzehen schälen und klein würfeln. Das Öl in einem großen Topf erhitzen, die Chilischoten und die Knoblauchzehen darin anbraten. Die Karotten, Staudensellerie und Frühlingszwiebeln zugeben und 5 Minuten andünsten. Mit Zitronensaft und Geflügelfond aufgießen. Die Tomaten und die Okraschoten zugeben und 5 Minuten garen. Die ganzen Shrimps, den in Stücke geschnittenen Langustenschwanz und die Miesmuscheln zufügen und im geschlossenen Topf 15 Minuten, mehr ziehen als kochen lassen. Mit der Hummer-Basis und den gehackten Kräutern abschmecken. Mit körnig gekochtem Butter-Reis servieren.

Karpfenragout

1 Karpfen (2 kg), 150 magerer Speck, 200 g Champignons, 200 g Perlzwiebeln, 400 g Kartoffeln, 3 Schalotten, 2 Zwiebeln, 150 g Butter, 2 EL Mehl, 4 Knoblauchzehen, 1 Bund Suppengrün, 1 Flasche Weißwein, Salz, weißer Pfeffer, Zucker, 2 EL Butter

Den Karpfen filieren und in mundgerechte Stücke schneiden. Den Speck in Streifen schneiden. Die Champignons putzen, wenn nötig waschen und blättrig aufschneiden. Die Perlzwiebeln und die Kartoffeln schälen, dann beiseite stellen. Die Schalotten und die Zwiebeln schälen und in Würfel schneiden. Die Hälfte der Butter in einer Pfanne erhitzen, und die Schalotten und Zwiebeln andünsten. Die Karpfenstücke dazugeben und unter Wenden anbraten. Das Mehl darüber stäuben, vorsichtig untermischen und 5 Minuten leicht köcheln lassen. Die Knoblauchzehen schälen und durch die Presse drücken. Das Suppengrün putzen, waschen und kleinschneiden, beides zum Fisch geben. Mit dem Weißwein auffüllen, bis der Karpfen bedeckt ist. Mit Salz und frisch gemahlenem Pfeffer abschmecken und 5 Minuten leicht kochen lassen. Die Kartoffeln in Salzwasser aufsetzen und zum Kochen bringen, 30 Minuten kochen. Die Speckstreifen in einer Pfanne ausbraten, die Champignons zugeben und 3 Minuten dünsten lassen. Die Perlzwiebeln in Wasser aufkochen, Salz und Zucker zugeben, 5 Minuten kochen lassen, abtropfen lassen, zu den Champignons geben, die Butter zufügen, leicht anbräunen lassen und beiseite stellen. Die Karpfenstücke aus dem Topf nehmen, die Sauce einkochen lassen und durch ein Sieb passieren. Die restliche Butter unterrühren, die abgetropften Perlzwiebeln und Champignons zum Karpfen geben, nochmals kurz erwärmen und sofort mit den Kartoffeln servieren.

Rotbarsch in Rieslingsauce

1 kg Rotbarsch, 150 magerer Speck, 200 g Champignons, 200 g Perlzwiebeln, Salz, Zucker, 2 Kartoffeln, 3 Schalotten, 2 Zwiebeln, 150 g Butter, 2 EL Mehl, 2 Knoblauchzehen, 1 Bund Suppengrün, 500 ml Riesling, Salz, weißer Pfeffer, 2 EL Butter

Den Rotbarsch in mundgerechte Stücke schneiden. Den Speck in Streifen schneiden. Die Champignons putzen, wenn nötig waschen und blättrig aufschneiden. Die Perlzwiebeln und die Kartoffeln schälen, dann beiseite stellen. Die Schalotten und die Zwiebeln schälen und in Würfel schneiden. Die Hälfte der Butter in einer Pfanne erhitzen, die Schalotten und Zwiebeln andünsten. Die Rotbarschstücke dazugeben und unter Wenden anbraten. Das Mehl darüber stäuben, vorsichtig untermischen und 5 Minuten leicht köcheln lassen. Die Knoblauchzehen schälen und durch die Presse drücken. Das Suppengrün putzen, waschen und kleinschneiden, beides zum Fisch geben. Mit dem Weißwein auffüllen, bis der Rotbarsch bedeckt ist. Mit Salz und frisch gemahlenem Pfeffer abschmecken, 5 Minuten leicht kochen lassen. Die Kartoffeln in Salzwasser aufsetzen und zum Kochen bringen, 30 Minuten kochen. Die Speckstreifen in einer Pfanne ausbraten, die Champignons zugeben und 3 Minuten dünsten. Die Perlzwiebeln in Wasser aufkochen, Salz und Zucker zugeben, 5 Minuten kochen, abtropfen lassen, zu den Champignons geben, die Butter zufügen, leicht anbräunen und beiseite stellen. Die Rotbarschstücke aus dem Topf nehmen, die Sauce einkochen lassen und durch ein Sieb passieren. Die restliche Butter unterrühren, die abgetropften Perlzwiebeln und Champignons zum Rotbarsch geben. Nochmals kurz erwärmen und sofort mit den Kartoffeln servieren.

Internationale Gerichte

Französischer Suppentopf

(für 6 Personen)

1 kg mageres Suppenfleisch, 500 g Markknochen, 2 Bund Suppengrün, 2 l Wasser, Salz, 2 Lorbeerblätter, 4 Nelken, 2 Zwiebeln, 4 Knoblauchzehen, 2 Stangen Lauch, 1 rote und gelbe Paprikaschote, 2 Zucchini, 1 Aubergine, 1/2 Sellerieknolle, 2 Bund Petersilie, 2 Zweige Thymian, schwarzer Pfeffer

Das Fleisch und die Knochen waschen, trockentupfen. Das Suppengrün putzen und waschen. Das Fleisch und das Suppengrün in einen großen Topf geben und das Wasser zugeben, das Fleisch muß bedeckt sein. Salz und Gewürze zugeben, aufkochen und im geschlossenen Topf 45 Minuten sieden lassen. In der Zwischenzeit die Zwiebeln und die Knoblauchzehen schälen und fein würfeln. Den Lauch putzen, waschen und in Ringe schneiden, die Paprikaschoten waschen, halbieren, entkernen und in Streifen schneiden. Die Zucchini putzen, waschen und in Scheiben schneiden. Die Aubergine waschen, putzen und in Würfel schneiden. Die Sellerieknolle schälen und würfeln. Die Petersilie und den Thymian waschen und 1 Bund Petersilie mit dem Thymian zum Fleisch geben. Das zweite Bund Petersilie klein schneiden. Das Gemüse zum Fleisch geben, mit frisch gemahlenem Pfeffer würzen und nochmals 15 Minuten kochen lassen. Die Brühe durch ein Sieb gießen und das Fleisch in grobe Stücke schneiden. Die Brühe in den Topf zurückgeben, das Fleisch und das Gemüse zugeben, nochmals erhitzen und mit der gehackten Petersilie bestreut zu Salzkartoffeln servieren.

Abbildung rechts

Verdure
de saison

Coq au vin – Hähnchen in Weinsauce

1 Hähnchen (1,2 kg), Salz, weißer Pfeffer, 4 EL Butter, 250 ml trockener Riesling, 4 Schalotten, 2 Knoblauchzehen, 250 g Champignons, 250 g weiße Weintrauben, 1/2 Bund Estragon, Salz, weißer Pfeffer

Das Hähnchen waschen, trockentupfen und portionieren. Die Teile mit Salz und frisch gemahlenem Pfeffer einreiben. Die Butter in einem Topf zerlassen und die Geflügelteile rundum anbraten. Den Riesling zugeben und die Teile 25 Minuten zugedeckt bei mäßiger Hitze schmoren lassen. Die Schalotten und die Knoblauchzehen schälen und fein hacken. Die Champignons putzen, wenn nötig, waschen und blättrig aufschneiden. Die Trauben waschen, abtropfen lassen und von den Stielen zupfen. Die Kerne entfernen. Schalotten, Champignons und Trauben in den Topf geben, dann andünsten und 5 Minuten schmoren lassen. Den Estragon waschen, kleinschneiden und untermischen. Mit Salz und frisch gemahlenem Pfeffer abschmecken.
Das Hähnchen in der Sauce mit gratinierten Knoblauch-Kartoffeln, (Rezept s. Seite 80) und einem Riesling servieren.

Mexikanische Fischpfanne

500 g Rotbarschfilet, 1 EL Zitronensaft, Salz, 2 Zwiebeln, 2 Knoblauchzehen, 5 EL Olivenöl, 2 grüne und 2 rote Paprikaschoten, 500 g Tomaten, Salz, weißer Pfeffer, 1 kleine Dose Mais, 75 ml Fischfond, 2 EL Tomatenketchup, 1 Bund Petersilie

Den Fisch waschen, trockentupfen und in ca. 3 cm große Stücke schneiden. Mit Zitronensaft beträufeln und mit Salz bestreuen. Die Zwiebeln und Knoblauchzehen schälen und kleinhacken. Das Öl in einer Pfanne erhitzen, die Zwiebeln und den Knoblauch darin andünsten. Die Paprikaschoten, waschen, halbieren, entkernen und in Streifen schneiden. Die Tomaten kurz in kochendes Wasser tauchen. häuten, vierteln, entkernen und in grobe Stücke teilen. In eine gläserne Auflaufform die Paprikaschoten mit Zwiebeln, Fisch und Tomaten abwechselnd einschichten, jede Lage mit etwas Salz und frisch gemahlenem Pfeffer würzen. Die Maiskörner abtropfen lassen und als letzte Schicht auf den Eintopf geben. Die Petersilie waschen und kleinhacken und zum Schluß darüber streuen. Den Fischfond mit dem Ketchup verrühren und über den Eintopf gießen. Mit geschlossenem Deckel auf dem Herd ca. 35 Minuten leicht köcheln lassen.

Gulasch nach Szegediner Art

500 g Schweinefleisch, 4 EL Butterschmalz, 500 g Zwiebeln, 2 Knoblauchzehen, 100 g durchwachsener Speck, 1 rote und 1 grüne Paprikaschote, 1 EL Paprikapulver, 1 TL Thymian, 1 TL Kümmel, Salz, schwarzer Pfeffer, 2 EL Tomatenmark, 500 g Sauerkraut, 400 ml Rinderfond, 100 ml saure Sahne, 75 ml Weißwein, 1 EL Zucker

Das Fleisch waschen und trockentupfen, dann in Würfel schneiden. Das Schmalz in einer Pfanne erhitzen, und das Fleisch von allen Seiten anbraten. Die Zwiebeln und die Knoblauchzehen schälen und würfeln. Den Speck in Streifen schneiden, mit den Zwiebeln und dem Knoblauch in einem Topf anbraten. Die Paprikaschoten, waschen, halbieren, entkernen, in Streifen schneiden, dann zum Speck geben und mitdünsten. Mit Paprikapulver, Thymian, Kümmel, Salz, frisch gemahlenem Pfeffer und Tomatenmark abschmecken.

Das Sauerkraut und die Fleischwürfel zugeben, mit dem Fond aufgießen und zugedeckt 60 Minuten schmoren lassen. 10 Minuten vor Ende der Garzeit die saure Sahne unterrühren, mit Wein und Zucker abschmecken und mit Kartoffelpüree servieren.

Andalusische Muscheln

2 kg Miesmuscheln, 1 Zwiebel, 3 Knoblauchzehen, 1 EL Butter, 1 l Wasser, 250 ml Weißwein, Saft von 1/2 Zitrone, 1 Lorbeerblatt, 1/2 TL Pfefferkörner, 1 Nelke, 1 Bund Petersilie

Die Muscheln unter kaltem fließenden Wasser waschen, den Bart entfernen und geöffnete wegwerfen. Die Zwiebel und die Knoblauchzehen schälen und würfeln bzw. hakken. Die Butter in einem Topf erhitzen und die Zwiebeln mit dem Knoblauch andünsten. Mit Wasser, Wein und Zitronensaft aufgießen, Lorbeerblatt, Pfefferkörner, Nelke und die gewaschene Petersilie zufügen, dann zum Kochen bringen. Die Muscheln zugeben und 15 Minuten kochen, bis alle Schalen geöffnet sind, mit einem Schaumlöffel herausheben. Geschlossene aussortieren und wegwerfen.Die Muscheln mit dem Sud und Weißbrot servieren.

Asiatischer Currytopf

600 g Lammfleisch, 2 Zwiebeln, 2 Knoblauchzehen, 4 EL Butterschmalz, 500 g feste Gemüsetomaten, 250 g Langkornreis, 250 ml Rinderfond , 250 ml Weißwein, 1 kleine Dose Ananasstücke, 2 EL Currypulver, 200 ml Crème double, 1 TL Zucker, Salz, schwarzer Pfeffer

Das Fleisch waschen und in Würfel schneiden. Die Zwiebeln und den Knoblauch schälen und würfeln. Das Schmalz in einem Topf zerlassen, das Fleisch, die Zwiebeln und den Knoblauch zugeben und 10 Minuten dünsten. Die Tomaten kurz in kochendes Wasser tauchen, schälen, entkernen und in Stücke schneiden. Den Reis zum Fleisch geben, mit Fond und Wein aufgießen, aufkochen und 20 Minuten ziehen lassen. Die Tomaten und die Ananasstücke die letzten 5 Minuten zugeben. Mit dem Currypulver, Crème double, Zucker, Salz und frisch gemahlenem Pfeffer abschmecken. Den Topf heiß servieren.

Türkischer Okra-Auflauf

500 g Kalbfleisch, 2 Zwiebeln, 2 Knoblauchzehen, 500 g Okra, 500 g Fleischtomaten, 5 EL Sojaöl, 250 ml Kalbfond 1 EL Tomatenmark, Salz, weißer Pfeffer, 1 EL Butter, 100 g Schafskäse, 2 Eier, 250 ml Sahne

Das Fleisch waschen, trockentupfen und in feine Streifen schneiden. Die Zwiebeln und die Knoblauchzehen schälen und würfeln bzw. durch die Presse drücken. Okra putzen und waschen. Die Tomaten kurz in kochendes Wasser tauchen, häuten, vierteln, entkernen und in grobe Stücke teilen. Das Öl in einer Pfanne erhitzen, die Zwiebeln, den Knoblauch und das Fleisch anbraten, die Okras zugeben, mit dem Kalbsfond aufgießen und dann alles 10 Minuten dünsten. Die Tomaten mit dem Mark zugeben und mit Salz und frisch gemahlenem Pfeffer abschmecken. Eine feuerfeste Form mit Butter einfetten, das Fleisch mit dem Gemüse einfüllen und den Schafskäse darüber streuen. Die Eier mit der Sahne verquirlen und über den Auflauf gießen. Im vorgeheizten Backofen bei 180 Grad 30 Minuten garen. *Abbildung oben*

Fricco nach Spanischer Art

750 g Rindfleisch aus der Nuß, 75 ml Olivenöl, 2 Zwiebeln, 4 Knoblauchzehen, 1 kg Kartoffeln, 2 Stangen Lauch, 200 ml Crème fraîche, Salz, schwarzer Pfeffer, 250 ml Rinderfond. Für die Form: 1 EL Butter

Das Fleisch waschen, trockentupfen und in Würfel schneiden. Das Öl in einem Topf erhitzen, und die Fleischwürfel darin von allen Seiten anbraten, herausnehmen und beiseite stellen. Die Zwiebeln schälen und vierteln. Die Knoblauchzehen und die Kartoffeln schälen und in Scheiben schneiden. Den Lauch putzen, waschen und in Ringe schneiden. Die Zwiebeln, Knoblauch, Kartoffeln und Lauch nacheinander in dem Öl andünsten. Eine Auflaufform mit der Butter einfetten, das Gemüse mit dem Fleisch und einem Teil der Crème fraîche lagenweise einschichten. Jede Lage mit Salz und frisch gemahlenem Pfeffer würzen. Den Fond darüber gießen, und die Form mit Alufolie abdecken. Im vorgeheizten Backofen bei 200 Grad ca. 90 Minuten garen, nach 60 Minuten die Folie abnehmen und die restliche Crème fraîche darüber gießen.

Chili con carne

350 g rote Bohnen, 1 Zwiebel, 1 l Wasser, 600 g Rindfleisch, 2 Zwiebeln, 4 Knoblauchzehen, 2 grüne Paprikaschoten, 2 EL Olivenöl, 1 rote Chilischote, 500 g Fleischtomaten, 1 EL Rindfleisch-Basis oder gekörnte Brühe, 1/2 TL Thymian, 1 EL Paprika edelsüß, Salz

Die Bohnen über Nacht in Wasser einweichen, dann das Wasser abgießen. Die Bohnen mit der geschälten, geviertelten Zwiebel in 1 l Wasser ca. 20 Minuten kochen, dann abgießen und beiseite stellen. Das Fleisch waschen und in feine Streifen schneiden. Die Zwiebeln und die Knoblauchzehen schälen und in Würfel schneiden. Die Papri-

kaschoten waschen, entkernen und in Streifen schneiden. Das Öl in einem Topf zerlassen, das Fleisch, die Zwiebeln, die Knoblauchzehen und die Paprikaschoten zugeben, 10 Minuten dünsten. Die Chilischote waschen, entkernen und fein hakken. Die Tomaten kurz in kochendes Wasser tauchen, häuten, vierteln, entkernen und in grobe Stücke teilen. Dabei den Stielansatz entfernen. Tomaten und Chilischoten zugeben, ebenso die Bohnen mit dem Kochwasser.
Mit Rindfleisch-Basis, Thymian und Paprika würzen, dann zugedeckt 30 Minuten köcheln lassen. Mit Bauern- oder Weißbrot servieren.

Borschtsch – Rote-Bete-Topf

2 Bund Suppengrün, 1 l Wasser, Salz, 1/2 TL Kümmel, 4 Wacholderbeeren, 6 schwarze Pfefferkörner, 1 Lorbeerblatt, 500 g Suppenfleisch, 750 g rote Bete, 500 g Kartoffeln, 2 Zwiebeln, 2 Knoblauchzehen, 1/2 Wirsingkopf, 6 EL Sonnenblumenöl, Salz, 1 Bund Petersilie, schwarzer Pfeffer, Zucker, 200 ml Crème fraîche

Das Suppengrün putzen, waschen und grob zerkleinern. Das Wasser mit Salz in einen Topf geben, das Suppengrün mit den Gewürzen hineingeben und aufkochen. Das Fleisch waschen, trockentupfen und dazugeben, im geschlossenen Topf 90 Minuten garen. In der Zwischenzeit die rote Bete schälen und in Stifte schneiden. Die Kartoffeln, die Zwiebeln und die Knoblauchzehen schälen und würfeln. Den Wirsing putzen, waschen, den Strunk entfernen und in Streifen schneiden. Das Öl in einer Pfanne erhitzen, und das Gemüse nacheinander darin andünsten, dann in einen großen Topf geben. Das Fleisch aus der Brühe nehmen und in Würfel schneiden. Die Brühe durch ein Sieb gießen und mit dem Gemüse, im geschlossenen Topf 20 Minuten sieden lassen. Die Fleischwürfel 5 Minuten vor Ende der Garzeit zugeben. Die Petersilie waschen und kleinschneiden. Mit Salz, frisch gemahlenem Pfeffer, Zucker und Petersilie abschmecken.
Je einen Löffel Crème fraîche in die Mitte einer Portion geben.
Die Borschtsch mit Stangenweißbrot servieren.

Sahnesauce

40 g Butter, 40 g Mehl, 250 ml Sahne, 3 Eier, Salz, weißer Pfeffer

Die Butter in einen Topf geben, zerlaufen lassen, das Mehl zugeben und unter Rühren eine helle Mehlschwitze kochen, wenn die Schwitze kraus aussieht, die Sahne langsam unter Rühren einlaufen lassen, dann den Topf vom Herd nehmen. Die Eier verquirlen, unter die Sauce rühren, mit Salz und frisch gemahlenem Pfeffer abschmecken. Die Sauce darf nun nicht mehr kochen, da sie sonst gerinnt.

Griechisches Moussaka

(für 6 Personen)

1,5 kg Auberginen, Salz, 4 EL Mehl, 125 ml Öl, 2 Zwiebeln, 4 Knoblauchzehen, 500 g Lammhackfleisch, Salz, schwarzer Pfeffer, 1/2 Bund Oregano, 500 g Fleischtomaten, 4 EL Emmentaler. Für die Form: 1 EL Butter

Die Auberginen waschen, putzen und in dicke Scheiben schneiden. Auf Küchenpapier legen und kräftig mit Salz bestreuen, ca. 30 Minuten ziehen lassen. Dann abspülen, trockentupfen und mit Mehl bestäuben. Das Öl in einer Pfanne erhitzen und die Scheiben nacheinander auf jeder Seite anbraten, herausnehmen und auf Küchenpapier abtropfen lassen. Die Zwiebeln und die Knoblauchzehen schälen, fein hacken und in dem Öl andünsten. Das Lammhack zufügen und unter Rühren anbraten. Mit Salz und frisch gemahlenem Pfeffer abschmecken. Den Oregano waschen, fein schneiden und unter das Lammhack geben. Die Tomaten kurz in kochendes Wasser tauchen, häuten und in Scheiben schneiden. Den Emmentaler reiben. Eine feuerfeste Form mit der Butter einfetten, mit der Hälfte der Auberginen auslegen und etwas vom Emmentaler darüber streuen. Darauf dann die

Hälfte der Hackmasse schichten und den Vorgang wiederholen. Zum Schluß die Tomaten darauf legen und mit der Sahnesauce, (Rezept s. Seite 58) übergießen. Im vorgeheizten Backofen bei 180 Grad ca. 60 Minuten backen.
Den Auflauf mit Weißbrot servieren.

Spanische Paella

(für 6 Personen)

400 g Garnelen, 500 g Miesmuscheln, 250 g Venusmuscheln, 75 ml Olivenöl, 1 große Zwiebel, 4 Knoblauchzehen, 4 Knoblauchwürste, 1/2 fertiggegartes Hähnchen, 300 g Tintenfisch, 1 rote und 1 grüne Paprikaschote, 250 Cocktailtomaten, 500 ml Geflügelfond, 125 ml Weißwein, 250 g Rundkornreis, 1/2 TL Salz, weißer Pfeffer, 1 Döschen Safranfäden, 150 g tiefgefrorene Erbsen

Die Garnelen, Mies- und Venusmuscheln unter fließendem Wasser waschen, bei den Muscheln den Bart entfernen, die Köpfe der Garnelen abdrehen und den Darm herausziehen, beiseite stellen. Das Olivenöl in einer Paella-Pfanne erhitzen. Die Zwiebel und die Knoblauchzehen schälen und kleinhacken. Die Knoblauchwürste in Scheiben schneiden, mit Zwiebel und Knoblauchzehen im Öl anbraten. Das Hähnchen entbeinen und in mundgerechte Stücke schneiden. Den Tintenfisch waschen und in Ringe schneiden. Die Paprikaschoten waschen, halbieren, entkernen und in Streifen schneiden. Die Tomaten kurz in kochendes Wasser tauchen und häuten. Das Fleisch, Tintenfisch und Parikaschoten zu den Wurstscheiben geben, dann rundum anbraten. Mit Fond und Wein aufgießen, 5 Minuten garen lassen. Nun den Reis untermischen, mit Salz, frisch gemahlenem Pfeffer und Safran würzen, 10 Minuten dünsten lassen. Die vorbereiteten Garnelen und Muscheln unterheben, die Erbsen zugeben und die Paella im Backofen bei 180 Grad ca. 25 Minuten garen. 10 Minuten vor Ende der Garzeit die kleinen Tomaten auf die Paella setzen. Falls nötig etwas Brühe nachgießen. Mit spanischem Rotwein servieren.

Indonesisches Hühnchen

Für die Marinade: 3 EL helle Sojasauce, 2 EL trockener Sherry, 6 getrocknete Shii-Take-Pilze, 2 Hühnerbrüstchen, 1/2 kleinen Chinakohl, 1 Staudensellerie, 250 g Zuckerschoten, 6 Cocktailtomaten, 1 Stück frische Ingwerwurzel, 3 Knoblauchzehen, 2 TL Speisestärke, 2 EL trockener Sherry, 2 EL Erdnußöl, 200 ml Geflügel Fond, 3 EL helle Sojasauce, weißer Pfeffer, 1 EL Zucker

Die Marinade aus Sojasauce und Sherry anrühren. Die Pilze in kaltem Wasser ca. 30 Minuten einweichen, dann abtropfen lassen und etwas zerkleinern. Die Hühnerbrüstchen von Haut und Knochen befreien und in 2 cm große Würfel schneiden. Dann in die Marinade einlegen und 1 Stunde ziehen lassen, dabei hin und wieder wenden. Inzwischen den Chinakohl und den Staudensellerie putzen, waschen und in kleine viereckige Stücke schneiden. Die Zuckerschoten putzen und waschen, große halbieren, die kleinen ganz lassen. Die Cocktailtomaten waschen und halbieren. Die Ingwerwurzel und den Knoblauch schälen, den Ingwer reiben und den Knoblauch fein hacken. Die Speisestärke mit dem Sherry glattrühren und beiseite stellen. 1 EL Öl in einen Topf geben und erhitzen. Den Ingwer und den Knoblauch hinzufügen und dünsten. Den Chinakohl, die abgetropften Pilze und den Staudensellerie zufügen, 5 Minuten garen. 5 EL von dem Geflügelfond zugeben und weiterdünsten lassen. Das Gemüse muß noch "Biß" haben. Anschließend aus dem Topf nehmen. Das restliche Öl erhitzen, die Hühnerbruststücke mit der Marinade hineingeben und unter Rühren ca. 5 Minuten garen. Das Gemüse, die Zuckerschoten und Cocktailtomaten kurz miterhitzen. Die Speisestärke zugeben und unter Rühren nochmals aufkochen, bis die Sauce eindickt. Nach und nach etwas Geflügelfond zugeben. Mit der Sojasauce, dem frisch gemahlenen Pfeffer und dem Zucker abschmecken. Mit Reis servieren.

Aufläufe und Eintöpfe

Auberginen-Auflauf

1 kg Auberginen, Salz, 4 EL Mehl, 125 ml Sojaöl, 2 Zwiebeln, 3 Knoblauchzehen, 500 g Rinderhackfleisch, Salz, schwarzer Pfeffer, 1/2 Bund Oregano, 500 g Fleischtomaten, 4 EL Parmesan. Für die Form: 1 EL Butter

Die Auberginen waschen, putzen und in dicke Scheiben schneiden. Auf Küchenpapier legen und kräftig mit Salz bestreuen, ca. 30 Minuten ziehen lassen. Dann abspülen, trockentupfen und mit Mehl bestäuben. Das Öl in einer Pfanne erhitzen und die Scheiben nacheinander auf jeder Seite anbraten, herausnehmen und auf Küchenpapier abtropfen lassen. Die Zwiebeln und die Knoblauchzehen schälen, fein hacken und in dem Öl andünsten. Das Hackfleisch zufügen und unter Rühren anbraten. Mit Salz und frisch gemahlenem Pfeffer abschmecken. Den Oregano waschen, fein schneiden und unter das Hackfleisch geben. Die Tomaten kurz in kochendes Wasser tauchen, häuten und in Scheiben schneiden. Den Parmesan reiben. Eine feuerfeste Form mit der Butter einfetten, mit der Hälfte der Auberginen auslegen und etwas vom Parmesan darüber streuen. Darauf dann die Hälfte der Hackmasse schichten und den Vorgang wiederholen. Zum Schluß die Tomaten darauf legen und mit der Sahnesauce, (Rezept s. Seite 58) übergießen.

Im vorgeheizten Backofen bei 180 Grad ca. 60 Minuten backen.

Mit Salzkartoffeln servieren.

Farmer-Auflauf mit Knoblauchsauce

200 g Champignons, 125 g durchwachsener Speck, 2 Scheiben Toastbrot, 2 EL Sojaöl, 200 g Tiefseekrabben, 1 Dose Maiskörner, 2 EL Butter, 1 EL Mehl, 125 ml Milch, Salz, weißer Pfeffer, 1/2 TL Senf, 50 g mittelalter Gouda. Für die Form: 1 EL Butter. Zum Garnieren: 1 Bund Petersilie

Die Champignons putzen, wenn nötig, waschen und blättrig aufschneiden. Den Speck würfeln und in einer Pfanne knusprig braun anbraten, herausnehmen und beiseite stellen. Die Champignons im heißen Speckfett ca. 5 Minuten dünsten. Das Toastbrot in Würfel schneiden. Das Öl in einer Pfanne erhitzen und die Toastbrotwürfel goldbraun rösten. Die Speckwürfel mit den Champignons, Toastbrotwürfeln und den Tiefseekrabben mischen. Die abgetropften Maiskörner zufügen und unterheben. Eine feuerfeste Form mit der Butter einfetten, und die Masse hineingeben. Die Butter mit dem Mehl in einen Topf geben und unter Rühren anschwitzen. Mit der Milch aufgießen und unter Rühren aufkochen lassen. Die Sauce mit Salz, frisch gemahlenem Pfeffer und Senf pikant abschmecken, dann über den Auflauf gießen. Den Gouda reiben und darüber streuen. Den Auflauf im vorgeheizten Backofen bei 200 Grad ca. 20 Minuten backen. Die Petersilie waschen, kleinhacken und über den fertigen Auflauf streuen.

Mit der Knoblauch-Sauce (Rezept s. Seite 88) servieren. *Abbildung rechts*

Fisch-Spinat-Gratin

500 g Seelachsfilet, Saft von 1 Zitrone, Salz, weißer Pfeffer, 500 g Spinat, 1 Zwiebel, 2 Knoblauchzehen, 3 EL Butter, 200 ml Crème fraîche, 3 EL Curry-Paste oder Currypulver, Salz. Für die Form: 1 EL Butter

Das Seelachsfilet waschen, trockentupfen und in Würfel schneiden. Mit Zitronensaft beträufeln, mit Salz und frisch gemahlenem Pfeffer bestreuen. Den Spinat verlesen, waschen und abtropfen lassen. Die Zwiebel und die Knoblauchzehen schälen und fein hacken. Die Butter in einer Pfanne erhitzen, den Spinat, die Zwiebeln und den Knoblauch darin andünsten. Die Crème fraîche, Curry-Paste und Salz miteinander vermischen. Eine feuerfeste Form mit Butter einfetten, den Spinat mit Zwiebeln und Knoblauch einfüllen, die Fischwürfel darauf legen und mit der Crème-fraîche-Curry-Mischung begießen. Im vorgeheizten Backofen bei 200 Grad 25 Minuten garen und mit Reis servieren.

Linsen-Eintopf

(für 8 Personen)

500 g Linsen, 2 l Wasser, 2 Zwiebeln, 2 Knoblauchzehen, 1,5 kg Rindfleisch, 1 EL Schmalz, 2 l Brühe, 1 Speckschwarte, 1 Stange Lauch, 1 kleine Sellerieknolle, 2 Kartoffeln, 4 Karotten, 1 Lorbeerblatt, 1/2 Bund Majoran, 1 TL Salz, schwarzer Pfeffer, 2 EL Kräuteressig

Die Linsen am Vorabend in Wasser einweichen. Die Zwiebeln und den Knoblauch schälen, dann in Würfel schneiden. Das Fleisch waschen, trockentupfen und in Würfel schneiden. Das Schmalz in einem Topf zerlassen, die Zwiebel-, Knoblauch- und Fleischwürfel zugeben, andünsten. Mit der Brühe aufgießen, die Speckschwarte und die Linsen zugeben, aufkochen lassen. Den Lauch putzen, waschen und in Ringe schneiden. Den Sellerie, die Kartoffeln und Karotten schälen, dann in Streifen schneiden. Das Gemüse mit Lorbeerblatt, Majoran und Salz zur Fleischbrühe geben, dann bei schwacher Hitze 90 Minuten garen. Mit frisch gemahlenem Pfeffer und dem Kräuteressig abschmecken.

Kartoffelsuppe mit Krabben

(für 6 Personen)

500 g Kartoffeln, 2 Zwiebeln, 2 Knoblauchzehen, 3 Karotten, 2 Stangen Lauch, 3 EL Butter, 200 g Krabben, 1 1/2 l Rindfleischbrühe, Salz, schwarzer Pfeffer, 1 TL Paprikapulver, 200 ml saure Sahne. Zum Garnieren: 1 Bund Petersilie

Die Kartoffeln schälen und in Würfel schneiden. Die Zwiebeln und die Knoblauchzehen schälen und klein würfeln. Die Karotten schälen und in Scheiben schneiden. Den Lauch putzen, in Ringe schneiden, waschen und abtropfen lassen. Die Butter in einem Topf erhitzen, das Gemüse und die Krabben darin andünsten, mit der Brühe aufgießen. Mit Salz, frisch gemahlenem Pfeffer und Paprikapulver abschmecken. Die Suppe 20 Minuten kochen. Die saure Sahne unterrühren. Die Petersilie waschen, kleinschneiden und die Suppe damit garnieren.

Sommerlicher Mangold-Eintopf

1 Hühnchen (1,2 kg), 100 g durchwachsener Speck, 2 EL Öl, 3 Knoblauchzehen, 500 g Mangold, 2 gelbe Paprikaschoten, 1 große Dose Tomaten, Salz, schwarzer Pfeffer, Cayennepfeffer, 2 EL Essig-Essenz, Zucker nach Geschmack, 4 EL trocknener Weißwein

Das Hühnchen waschen, trockentupfen und in acht Stücke zerteilen. Den Speck würfeln und in einem großen Topf auslassen. Die Hühnerteile und das Öl zugeben, dann von allen Seiten anbraten. Die Knoblauchzehen schälen, durch die Presse drücken und zugeben. Den Mangold waschen und in 3 – 4 cm große Stücke schneiden. Die Paprikaschoten putzen, halbieren, entkernen, waschen und in Stücke teilen. Mangold und Paprikaschoten zugeben und 3 Minuten mitdünsten. Die Tomatendose öffnen, die Tomaten herausnehmen und mit dem Saft das Gemüse aufgießen. Mit Salz, frisch gemahlenem Pfeffer, Cayennepfeffer, Essig-Essenz und Zucker scharfsauer abschmecken. Zum Schluß die Tomaten zugeben und mit einem Schuß Weißwein abschmecken. Dazu schmeckt knuspriges Bauernbrot. *Abbildung links*

Überbackene Kartoffelpfanne

1 kg Kartoffeln, 4 Knoblauchzehen, 4 EL Olivenöl, Salz, schwarzer Pfeffer, 4 Gemüsetomaten, 400 g Mozzarella, 200 ml Sahne, 1 Bund Basilikum

Die Kartoffeln schälen und in dünne Scheiben schneiden, trockentupfen. Die Knoblauchzehen schälen und kleinhacken. Das Öl in einer Pfanne erhitzen, die Kartoffeln und die Knoblauchzehen darin goldbraun unter mehrmaligem Wenden anbraten. Mit Salz und frisch gemahlenem Pfeffer abschmecken. Die Tomaten kurz in kochendes Wasser tauchen, schälen, den Stielansatz herausschneiden und in Scheiben schneiden. Den Mozzarella ebenfalls in Scheiben schneiden.
Die Tomaten und den Käse vorsichtig unter die Kartoffeln heben und die Sahne darüber gießen. Die Pfanne mit einem Deckel verschließen und ca. 10 Minuten garen. Das Basilikum waschen und die Blättchen abzupfen, kurz vor dem Servieren auf die Pfanne geben.

Biergulasch

4 Zwiebel, 2 Knoblauchzehen, 60 g Butterschmalz, 750 g Rindergulasch, 2 EL Paprika, edelsüß, Salz, schwarzer Pfeffer, 1/2 TL gemahlener Kümmel, 150 g Champignons, 500 ml helles Bier, 1 Bund gemischte Kräuter, 100 ml saure Sahne, 1 EL Tomatenmark

Die Zwiebeln und Knoblauchzehen schälen und grob hacken. Das Schmalz in einem Topf erhitzen, Zwiebeln und Knoblauchzehen darin glasig dünsten. Das Fleisch waschen, trockentupfen und in ca. 3 cm große Würfel schneiden. Das Fleisch dazugeben, mit dem Paprika, Salz, frisch gemahlenem Pfeffer und Kümmel abschmecken. Die Champignons putzen, eventuell waschen und in Scheiben schneiden. Mit der Hälfte des Biers aufgießen und 60 Minuten leicht kochen lassen. Die Kräuter waschen und
10 Minuten vor Ende der Garzeit die Champignons und den Rest Bier zugeben. Das Gulasch mit der sauren Sahne und dem Tomatenmark abschmecken.
Das Gulasch heiß in einer Kasserolle servieren.
Dazu passen Nudeln, Kartoffelbrei

Basililikum-Pesto

3 Bund Basilikum, 4 Knoblauchzehen, 1 Prise Salz, 2 EL Pinienkerne, 6 EL Parmesan, 125 ml Olivenöl

Das Basilikum waschen, abtropfen lassen und die Blätter von den Stengeln zupfen. Die Knoblauchzehen schälen und mit den Basilikumblättern, Salz und Pinienkernen in einem Mörser zu einer Paste zerreiben. Nach und nach den frischgeriebenen Parmesan und das Öl zugeben, bis eine dicke Paste entsteht.
Zu Nudeln servieren.

Reis- und Nudelgerichte

Reisfleisch mit Curry

250 g Reis, 750 ml Fleischbrühe, 1 Bund Frühlingszwiebeln, 1 rote und 1 grüne Paprikaschote, 250 g Zucchini, 3 Knoblauchzehen, 300 g Schweinenacken, 2 EL Olivenöl, 3 EL Curry, 2 EL Mango-Chutney, 200 ml Crème fraîche, Salz, weißer Pfeffer, 1 Bund Petersilie

Die Brühe mit dem Reis in einen Topf geben, aufkochen und mit geschlossenem Deckel 20 Minuten ziehen lassen. In der Zwischenzeit die Frühlingszwiebeln putzen, waschen und in Ringe schneiden. Die Paprikaschoten putzen, waschen, halbieren und entkernen, dann in Streifen schneiden. Die Zucchini waschen und in Scheiben schneiden. Die Knoblauchzehen schälen und fein hacken. Das Fleisch waschen, trockentupfen und in Würfel schneiden. Das Öl in einem Topf erhitzen, und die Fleischwürfel rundum anbraten. Das Gemüse und die Knoblauchzehen zum Fleisch geben, 10 Minuten mitdünsten lassen. Mit Curry, Mango-Chutney, Crème fraîche, Salz und frisch gemahlenem Pfeffer abschmecken. Den Reis mit einer Gabel etwas auflockern und unter das Gemüse rühren, nochmals erhitzen. Die Petersilie waschen und kleinschneiden und auf den Reistopf streuen.
Auf jede Portion einen Eßlöffel von der Knoblauch-Walnuß-Mayonnaise, (Rezept s. Seite 86) setzen.
Das Reisfleisch heiß servieren.

Spaghetti-Muschel-Topf

2,5 kg Miesmuscheln, 1 Bund Suppengrün, 2 Zwiebeln, 250 ml Wasser, 750 ml Weißwein, 8 Pfefferkörner, 500 g Spaghetti, Salz, 1 EL Öl, 50 g Butter

Die Muscheln mit einer Bürste gründlich abbürsten und unter kaltem Wasser abspülen, offene aussortieren. Die übrigen Muscheln in einen große Topf geben. Das Suppengrün putzen, waschen und kleinschneiden. Die Zwiebeln schälen und würfeln. Wasser, Wein und Pfefferkörner zu den Muscheln geben. Zugedeckt 8 – 10 Minuten kräftig kochen lassen. Dabei den Topf mehrmals schütteln, damit alle Muscheln gleichzeitig gar werden. Sobald alle Muscheln geöffnet sind, sie durch ein Sieb schütten, und den Sud in einem Topf auffangen. Geschlossene Muscheln aussortieren und wegwerfen. Salzwasser mit Öl zum Kochen bringen, die Spaghetti einlegen und 10 Minuten kochen lassen, abgießen, abtropfen lassen und mit heißer Butter mischen. Die Muscheln und das Gemüse unterheben. Den Muschelsud, mit Petersilie bestreut, getrennt servieren.

Abbildung unten

Orientalischer Reis

250 g Lammschulter, 3 Knoblauchzehen, 1 Karotte, 2 EL Olivenöl, 250 g Reis, 400 ml Rinderfond , 2 EL Rosinen, 2 EL Pistazienkerne, Salz, 1 TL gemahlener Zimt, 1 Prise Cayennepfeffer. Für die Sauce: 200 ml saure Sahne, 1 Knoblauchzehe, Salz, weißer Pfeffer, 1 TL Zucker, 1 TL Zitronensaft

Das Lammfleisch waschen, trockentupfen und in Streifen schneiden. Den Knoblauch schälen und durch die Presse drücken. Die Karotte schälen und in Stifte schneiden. Das Öl in einer Pfanne erhitzen, das Fleisch, den Knoblauch und die Karotten anbraten. Den Reis zugeben, glasig andünsten und mit der Brühe aufgießen. Die Rosinen und die Pistazienkerne zugeben. Mit Salz, Zimt und Cayennepfeffer abschmekken, dann zugedeckt 20 Minuten quellen lassen. Aus der Sahne, der ausgepreßten Knoblauchzehe, Salz, frisch gemahlenem Pfeffer, Zucker und Zitronensaft eine Sauce rühren, kalt stellen. Die Sauce gut gekühlt zum Orientalischen Reis servieren.

Abbildung oben

Fischsuppe mit Nudeln

500 g Fischfilet, Lachs, Seeteufel, Scholle, 50 g geschälte Shrimps. Für die Marinade: 2 Knoblauchzehen, 2 EL Zitronensaft, Salz, weißer Pfeffer, 1 Döschen Safranfäden, 3 EL Olivenöl. Außerdem: 200 g Bandnudeln, 2 l Wasser, Salz, 1 EL ÖL, 100 g Fenchel, 40 g Sellerie, 40 g Karotten, 1 EL Butter, 1 l Fischfond

Den Fisch waschen, trockentupfen und in Würfel schneiden. Den Knoblauch schälen und durch die Presse drücken. Eine Marinade aus Knoblauch, Zitronensaft, Salz, frisch gemahlenem Pfeffer, Safranfäden und Olivenöl rühren. Den Fisch und die Shrimps einlegen, dann 1 Stunde ziehen lassen. Inzwischen das Wasser mit dem Salz und dem Öl zum Kochen bringen, die Nudeln einlegen, aufkochen, 10 Minuten ziehen lassen, abgießen und warm stellen. Den Fenchel putzen, waschen und in Ringe teilen. Den Sellerie und die Karotten schälen und in Stifte schneiden. Die Butter in einem Topf erhitzen und das Gemüse andünsten, mit dem Fischfond aufgießen. Die marinierten, abgetropften Fischstücke und Shrimps einlegen, dann 5 Minuten dünsten lassen.
Die Nudeln zur Suppe geben, nochmals erhitzen und servieren.

Reis-Lamm-Pfanne

100 g Frühstücksspeck, 1 EL Olivenöl, 500 g Lammfleisch, 1 Zwiebel, 2 Knoblauchzehen, 1 Paprikaschote, 1 l Brühe, 250 g Langkornreis, 1 großer Apfel, 1 große Dose Erbsen (800 g), Salz, schwarzer Pfeffer, Majoran

Den Speck in dünne Streifen schneiden. Das Öl in einem Topf erhitzen, und den Speck darin ausbraten lassen. Das Fleisch waschen, trockentupfen und in Würfel schneiden. Die Zwiebel und den Knoblauch schälen und würfeln bzw. durch die Presse drücken. Die Pa-

prikaschote waschen, halbieren, entkernen und in Streifen schneiden. Fleisch, Zwiebeln, Knoblauch und Paprikaschoten in den Topf zum Speck geben und anbraten. Mit Salz, frisch gemahlenem Pfeffer und Majoran abschmecken. Mit der Brühe aufgießen, den Reis zugeben, aufkochen und dann 15 Minuten garen lassen. Den Apfel schälen, vierteln, entkernen und in Stücke schneiden. Die Erbsen abtropfen lassen und mit den Apfelstücken zum Reis geben, weitere 5 Minuten quellen lassen.
Die Lammpfanne auf 4 Teller verteilt mit einer Schüssel gemischtem Salat servieren.

Nudelpudding

2 l Wasser, 2 EL Salz, 2 EL Öl, 250 g Hörnchen.
Außerdem: 2 Knoblauchzehen, 125 roher Schinken, 3 Eiweiß, 1 EL Butter, 50 g Emmentaler

Das Wasser mit Salz und Öl zum Kochen bringen, die Nudeln einlegen, aufkochen lassen, umrühren und bei geringer Hitze, mit geöffnetem Deckel 6 – 12 Minuten je nach Sorte kochen lassen, die Nudeln müssen noch "al dente" sein, das heißt, sie müssen noch "Biß" haben. Hin und wieder anhand einer Nudel kontrollieren, dann in ein Sieb gießen und mit kaltem Wasser abschrecken, beiseite stellen. Die Sauce Béchamel nach dem Rezept, s. Seite 91, zubereiten. Die Nudeln in eine Schüssel geben. Die Knoblauchzehen schälen und würfeln. Den Schinken ebenfalls würfeln, mit den Knoblauchzehen und der Sauce Béchamel unter die Nudeln mischen. Die Eiweiße steif schlagen und ebenfalls unterheben. Eine hohe Puddingform mit der Butter einfetten und die Nudelmasse einfüllen. Sie darf aber nur zu drei Viertel gefüllt sein, da der Pudding sich noch ausdehnt, dann den Deckel aufsetzen. Die Bratenpfanne vom Backofen mit ca. 2 cm Wasser füllen, die Puddingform hineinstellen und im vorgeheizten Backofen bei 180 Grad ca. 60 Minuten garen. Den Käse reiben. Nach dem Garen vorsichtig auf eine Platte stürzen, mit dem Käse bestreuen und mit Sauce Béchamel (Rezept s. Seite 91), sofort servieren.

Kreolen-Reis

400 g Schweinefilet, 2 Zwiebeln, 4 Knoblauchzehen, 2 EL Olivenöl, 250 g Wildreis, 500 ml Rinderfond , 2 Äpfel, 2 rote Paprikaschoten, schwarzer Pfeffer, 2 EL Olivenöl, 2 EL Butter, 250 g weiße Weintrauben, 4 halbe Pfirsiche, Salz

Das Schweinefilet waschen, trockentupfen und in Streifen schneiden. Die Zwiebeln und die Knoblauchzehen schälen und fein hacken. Das Öl in einer Pfanne erhitzen, die Zwiebeln und den Knoblauch anbraten. Den Reis zugeben, glasig andünsten und mit dem Rinderfond aufgießen. Mit Salz abschmecken, dann zugedeckt 30 – 40 Minuten sanft kochen lassen. In der Zwischenzeit die Äpfel waschen, vierteln, das Kerngehäuse entfernen und in Stücke schneiden. Die Paprikaschoten waschen, halbieren, entkernen und in Streifen schneiden. Das Filet waschen, trockentupfen und mit frisch gemahlenem Pfeffer einreiben. Das Öl in einer Pfanne erhitzen und das Filet rundum 15 Minuten anbraten. Herausnehmen, in Alufolie einwickeln und warm stellen. In der Butter die Äpfel und die Paprikaschoten andünsten. Die Trauben waschen, von den Stielen zupfen, die Pfirsiche aus der Dose nehmen, abtropfen lassen und in Spalten schneiden. Beides zu den Äpfeln und den Paprikaschoten geben, dann einige Minuten mitdünsten lassen. Zum Schluß den Wildreis untermischen und nochmals erwärmen. Das Schweinefilet in dünne Scheiben schneiden, salzen und auf dem Wildreis anrichten.

Abbildung links

Lachs-Nudeln

200 g Schalotten, 2 Knoblauchzehen, 1 TL Korianderkörner, 50 g Petersilienwurzel, 200 g Lauch, Bund Dill, 2 l Wasser, 4 Zitronenscheiben, 4 Scheiben Lachs (800 g), 3 l Wasser, Salz, Öl, 500 g grüne Bandnudeln, 150 g kalte Butter, 250 ml Fischfond, 250 ml Sahne, 2 EL trockener Sherry

Die Schalotten und die Knoblauchzehen schälen und würfeln. Den Koriander zerstoßen. Die Petersilienwurzel schälen und in Stücke schneiden. Den Lauch putzen, waschen und in Ringe schneiden. Den Dill waschen und hacken.

2 l Wasser mit den Korianderkörnern, Petersilienwurzel, Lauch, Dill, Salz und Zitronenscheiben zum Kochen bringen, den Lachs vorsichtig einlegen und 8 Minuten ziehen lassen. Die Nudeln ins kochende Salzwasser geben, Öl zufügen und 10 Minuten "al dente" kochen, abgießen und warm stellen. 50 g Butter in einer Pfanne erhitzen und die Schalotten glasig dünsten. Mit Fischfond und Sahne aufgießen und einkochen lassen, bis die Sauce leicht sämig wird. Den Lachs von Haut und Gräten befreien und in grobe Stücke zerpflücken. Die restliche Butter in Flöckchen mit einem Schneebesen unter die Sauce schlagen und mit dem Sherry abschmecken.

Die Nudeln auf 4 Teller anrichten, den Lachs darauflegen und die Sauce darüber löffeln.

Knoblauch-Nudeln

3 l Wasser, Salz, 1 EL Öl, 500 g Spaghetti, 4 Knoblauchzehen, wenn man hat etwas Knoblauchgrün, 4 EL Olivenöl

Das Wasser mit Salz und Öl zum Kochen bringen, die Nudeln einlegen, aufkochen lassen, umrühren und bei geringer Hitze, mit geöffnetem Deckel, 6 – 10 Minuten, je nach Sorte, kochen lassen. Die Nudeln müssen noch "al dente" sein, das heißt, sie müssen noch "Biß" haben. Hin und wieder anhand einer Nudel kontrollieren, dann in ein Sieb gießen und mit kaltem Wasser abschrecken, beiseite stellen. Die Knoblauchzehen schälen und fein hacken, ebenso das Knoblauchgrün. Das Öl in einem Topf erhitzen und die Knoblauchzehen mit dem Grün darin anbraten. Die Nudeln zugeben und gut durchmischen.
Die Spaghetti heiß, eventuell mit geriebenem Parmesan und frischen Salaten servieren. Die Knoblauch-Nudeln sind ein schnelles Gericht.

Nudeln mit Basilikum-Pesto

3 l Wasser, Salz, 1 EL Öl, 500 g Nudeln

Das Wasser mit Salz und Öl zum Kochen bringen, die Nudeln einlegen, aufkochen lassen, umrühren und bei geringer Hitze mit geöffnetem Deckel 6 – 10 Minuten, je nach Sorte, kochen. Die Nudeln müssen noch "al dente" sein, das heißt, sie müssen noch "Biß" haben. Hin und wieder anhand einer Nudel kontrollieren, dann in ein Sieb gießen und mit kaltem Wasser abschrecken, beiseite stellen. Die Basilikum-Pesto nach (Rezept s. Seite .68) zubereiten. Die Nudeln mit Öl in einen Topf erhitzen, das Pesto darüber geben, umrühren und heiß servieren.

Leckere Beilagen

Mangold mit Pinienkernen

1 kg Mangold, 100 g Rosinen, 250 ml Essig, 1 Zwiebel, 3 Knoblauchzehen, 1 Tomate, 60 g Butter, 100 g Pinienkerne, Salz, schwarzer Pfeffer

Den Mangold verlesen, waschen und im kochenden Salzwasser 2 Minuten blanchieren. Abgießen, abschrecken, abtropfen lassen und grob hacken. Die Rosinen im Essig einweichen. Die Zwiebel und Knoblauchzehen schälen und in Würfel schneiden. Die Tomate kurz mit heißem Wasser überbrühen, häuten, vierteln, entkernen und würfeln. Die Butter in einer Pfanne erhitzen und die Zwiebel- und Knoblauchwürfel andünsten, Tomaten zufügen und einige Minuten schmoren lassen. Die Pinienkerne, den Mangold und die abgetropften Rosinen zufügen und 10 Minuten dünsten. Mit Salz und frisch gemahlenem Pfeffer abschmecken. Als Beilage zu kurzgebratenem Fleisch servieren.

Marinierte Zucchini und Austernpilze

2 Zucchini, 500 g Austernpilze, 2 Knoblauchzehen, 2 Chilischoten, 2 Lorbeerblätter, 125 ml Olivenöl, 3 EL Essig-Essenz, grob geschroteter Pfeffer

Die Zucchini waschen und in je 3 Stücke teilen. Jedes Stück der Länge nach in 1 cm dicke Scheiben schneiden. Die Austernpilze mit Küchenpapier trocken abreiben, große Pilze der Länge nach teilen, kleine ganz lassen. Die Knoblauchzehen schälen und durch die Presse drücken. 3 EL Öl in einer großen Pfanne erhitzen und den Knoblauch, die Chilischoten und die Lorbeerblätter darin anbraten. Das Gemüse nacheinander darin 5 Minuten dünsten. Aus der Pfanne in eine Schüssel geben. Das restliche Öl mit der Essig-Essenz, dem Pfeffer und etwas Wasser zum Bratenfett geben, noch warm über das Gemüse gießen. 2 Stunden ziehen lassen. Das Gemüse auf einer Platte anrichten, mit der Marinade begießen und zu gegrilltem Fleisch oder mit Stangenweißbrot servieren.

Abbildung oben

Fenchel-Tomaten-Gemüse

2 Fenchelknollen, 10 g Butter, 4 EL Fleischbrühe, 2 Knoblauchzehen, 250 g Fleischtomaten, 125 ml süße Sahne, 125 g Crème fraîche, 1 TL Mehl, 1 Eigelb, 2 TL Essig-Essenz, 1/2 TL Zucker, 2 EL Schnittlauchröllchen, Salz, schwarzer Pfeffer,

Die Fenchelknollen putzen, waschen und in je 4 – 5 Scheiben schneiden. Eine flache Form mit Butter ausstreichen, und die Fenchelscheiben schuppenartig einlegen und die Brühe darüber geben. Die Knoblauchzehen schälen und durch die Presse drücken. Den Fenchel in der Sahne im vorgeheizten Backofen, zugedeckt bei 200 Grad 20 Minuten garen. In der Zwischenzeit die Tomaten waschen, in Scheiben schneiden und diese zwischen die Tomaten stecken. Die Crème fraîche mit Mehl, durchgepreßtem Knoblauch, Eigelb, Essig-Essenz, Zucker und 1 EL von den Schnittlauchröllchen verrühren. Mit

Salz und frisch gemahlenem Pfeffer abschmecken, dann über das Gemüse gießen. Im Backofen dann nochmals 10 Minuten überbacken. Vor dem Servieren den restlichen Schnittlauch darüber streuen. Zu kurzgebratenem Fleisch servieren oder mit Kartoffelpüree zu Tisch bringen.

Abbildung vorherige Seite

Folienkartoffeln

4 mehlige, große Kartoffeln

Die Kartoffeln waschen und in Alufolie einwickeln. Im vorgeheizten Backofen bei 220 Grad ca. 80 Minuten oder auf dem Grill backen, je nach Größe. Die Kartoffeln mit Knoblauchsauce (Rezept s. Seite 88) oder Kräuterbutter (Rezept s. Seite 89) zu gegrillten oder kurzgebratenem Fleisch servieren.

Gratinierte Knoblauch-Kartoffeln

1 kg Kartoffeln, 4 Knoblauchzehen, Salz, weißer Pfeffer, geriebene, Muskatnuß oder Kümmel, 1 Bund gemischte Kräuter: Petersilie – Estragon – Zitronenmelisse – Minze – Majoran, 200 g Emmentaler, 4 EL Butter, 3 Eier, 400 ml süße Sahne

Die Kartoffeln schälen und in dünne Scheiben schneiden, nochmals waschen und trockentupfen. Die Knoblauchzehen schälen und fein würfeln . Die Kartoffelscheiben in eine Schüssel geben, mit dem Knoblauch, Salz, frisch gemahlenem Pfeffer und Muskatnuß oder Kümmel würzen. Die Kräuter waschen, kleinschneiden und unter die Kartoffelscheiben mischen. Den Käse reiben. Eine Auflaufform mit 1 EL Butter einfetten und die erste Lage Kartoffeln einfüllen, dann einen Teil des Käses darüber streuen und so fortfahren, bis die Form gefüllt ist. Den Abschluß bildet eine Lage Käse. Die Eier mit der Sahne verrühren und über den Auflauf gießen. Die restliche Butter als Flöckchen auf dem Auflauf verteilen. Im vorgeheizten Backofen bei 220 Grad ca. 30 – 40 Minuten backen. Die Kartoffeln zu Fleisch und Wild servieren.

Knoblauchbrot

2 Stangenweißbrot (Baguette), 125 g Butter, 1 Bund gemischte, frische Kräuter oder 1 Päckchen tiefgefrorene, 2 Knoblauchzehen, Salz

Das Weißbrot in ca. 3 cm breite, schräge Stücke einschneiden, nicht ganz durchschneiden; sie müssen am Boden noch zusammenhängen. Die weiche Butter mit einer Gabel oder einem Mixstab verrühren. Die Kräuter waschen und kleinschneiden. Die Knoblauchzehen schälen und pürieren, beides zur Butter geben, gut vermischen und mit Salz abschmecken. Die Kräuterbutter mit einem Messer in die Einschnitte streichen. Die Brote in Alufolie verpakken und im Backofen oder auf dem Grill 10 Minuten backen. Zu Salaten und gegrilltem Fleisch servieren.

Pikante Saucen

Rote Paprika-Tomatensauce

3 rote Paprikaschoten, 1 gelbe Paprikaschote, 250 g Tomaten, 30 g durchwachsener Räucherspeck, 1 Zwiebel, 2 Knoblauchzehen, 2 TL Paprikapulver edelsüß, Salz schwarzer Pfeffer, 2 TL Essig-Essenz, 6 Nadeln Rosmarin

Die Paprikaschoten waschen, ca. 10 – 15 Minuten bei 250 Grad im Backofen auf dem Rost backen, bis die Häute schrumpfen. Herausnehmen, kalt abschrecken, enthäuten, halbieren und entkernen. Je 1/4 rote und gelbe Paprikaschote fein würfeln und beiseite stellen. Die Tomaten waschen und mit den übrigen Paprikaschoten pürieren. Den Speck würfeln. Die Zwiebel und die Knoblauchzehen schälen und ebenfalls würfeln. Den Speck in einer Pfanne auslassen, die Zwiebel- und Knoblauchwürfel darin andünsten. Beides zum Paprikapüree geben und mit Paprikapulver, Salz, frisch gemahlenem Pfeffer, Essig-Essenz und Rosmarin würzen, einmal aufkochen. Die Sauce schmeckt warm und kalt zu gegrilltem Fisch und Fleisch.

Abbildung rechts

Grüne Spinat-Knoblauch-Paste

250 g mehlige, gekochte Kartoffeln, 250 g frischer Spinat, 100 g Rahmfrischkäse, 30 g Butter, Salz, schwarzer Pfeffer, 6 Knoblauchzehen, 3 TL Essig-Essenz

Die Kartoffeln noch heiß durch die Presse drücken. Den Spinat putzen, waschen und in einem Topf 1 – 2 Minuten andünsten. Herausnehmen, abtropfen lassen in einem Mixer pürieren. Die Kartoffelmasse mit Spinat, Frischkäse und Butter vermischen. Mit Salz und frisch gemahlenem Pfeffer abschmecken. Die Knoblauchzehen schälen, durch die Presse drücken, zugeben und untermischen. Zum Schluß mit der Essig-Essenz abschmecken.
Schmeckt sehr gut als Brotaufstrich oder mit süßer Sahne verrührt als delikate Grillsauce. *Abbildung unten*

Gelbe Honig-Senfsauce

*1 Knoblauchzehe, 6 EL mittelscharfer Senf, 125 ml Öl,
1 TL Salz, 1 TL Pfeffer, 4 EL flüssiger Honig, 3 TL Essig-Essenz,
2 Eigelb, 2 Bund frischer Dill, 1 TL Weinbrand*

Die Knoblauchzehe schälen und durch die Presse drücken. Aus Knoblauchzehe, Senf, Öl, Salz, frisch gemahlenem Pfeffer, Essig-Essenz und Eigelben eine Sauce rühren. Den Dill waschen und fein schneiden, dann unter die Sauce mischen. Zum Schluß mit dem Weinbrand abschmecken. Schmeckt zu Kurzgebratenem. *Abbildung vorherige Seite*

Zitronen-Dill-Sauce

*1 Eigelb, 125 ml Olivenöl, 2 Knoblauchzehen,
1 EL Kräutersenf, Salz, weißer Pfeffer, 1 EL Zitronensaft,
1 Bund Dill, 75 ml süße Sahne*

Das Eigelb tropfenweise mit dem Öl verrühren, am besten mit einem Handrührgerät. Die Knoblauchzehen schälen, durch die Presse drükken, dann mit Senf, Salz, frisch gemahlenem Pfeffer und den Zitronensaft unter Rühren zufügen, bis die Sauce sämig wird. Den Dill waschen und fein schneiden. Die Sahne steif schlagen, und mit dem Dill unter die Sauce heben.
Zu Fisch und Fleisch servieren.

Mayonnaise (Grundrezept)

(für 6 Personen)

*4 Eigelb, 1 EL Essig oder Zitronensaft,
1 EL mittelscharfer Senf, 300 ml Olivenöl,
Salz, weißer Pfeffer*

Die Eigelbe mit einem Schneebesen oder einem elektrischen Handrührgerät verrühren. Den Essig oder Zitronensaft mit dem Senf verrühren und dazugeben. Nun das Öl nach und nach, erst tropfenweise, dann mit dünnem Strahl, unter Rühren zugießen, bis die Masse sämig wird. Mit Salz und frisch gemahlenem Pfeffer abschmecken.
Zu Fleisch, Fisch und Salaten servieren.

Kräuter-Mayonnaise

(für 6 Personen)

*4 Eigelb, 1 EL Essig oder Zitronensaft, 1 EL mittelscharfer Senf,
2 Knoblauchzehen, 300 ml Olivenöl, Salz, weißer Pfeffer,
4 EL gemischte gehackte, frische Kräuter z. B.: Basilikum, Petersilie,
Dill, Estragon, Zitronenmelisse usw. unterrühren. Es eignen
sich auch tiefgefrorene Kräuter*

Die Eigelbe mit einem Schneebesen oder einem elektrischen Handrührgerät verrühren. Den Essig oder Zitronensaft mit dem Senf verrühren und dazugeben. Die Knoblauchzehen schälen und durch die Presse drücken, zugeben. Nun das Öl nach und nach, erst tropfenweise, dann mit dünnem Strahl unter Rühren zugießen, bis die Masse sämig wird. Mit Salz und frisch gemahlenem Pfeffer abschmecken. Die Kräuter waschen und fein hacken, dann unter die Kräuter-Mayonnaise rühren.

Schnittlauch-Mayonnaise

(für 6 Personen)

4 Eigelb, 1 EL Essig oder Zitronensaft, 1 EL mittelscharfer Senf, 2 Knoblauchzehen, 300 ml Olivenöl, Salz, weißer Pfeffer, 1 Bund Schnittlauch

Die Eigelbe mit einem Schneebesen oder einem elektrischen Handrührgerät verrühren. Den Essig oder Zitronensaft mit dem Senf verrühren und dazugeben. Die Knoblauchzehen schälen und durch die Presse drücken, zugeben. Nun das Öl nach und nach, erst tropfenweise, dann mit dünnem Strahl unter Rühren zugießen, bis die Masse sämig wird. Mit Salz und frisch gemahlenem Pfeffer abschmecken.
Den Schnittlauch waschen und unter die Mayonnaise rühren.

Knoblauch-Walnuß-Mayonnaise

(für 6 Personen)

4 Eigelb, 1 EL Essig, 1 EL mittelscharfer Senf, 300 ml Olivenöl, 4 Knoblauchzehen, 2 gehackte EL Walnüsse, Salz, weißer Pfeffer

Die Eigelbe mit einem Schneebesen oder einem elektrischen Handrührgerät verrühren. Den Essig mit dem Senf verrühren und dazugeben. Nun das Öl nach und nach, erst tropfenweise, dann mit dünnem Strahl unter Rühren zugießen, bis die Masse sämig wird. Die Knoblauchzehen schälen und durch die Presse drücken, dann zur Mayonnaise geben. Die gehackten Walnüsse unterheben und nochmals gut durchrühren. Mit Salz und frisch gemahlenem Pfeffer abschmecken.

Zucchini-Relish

1 kg Zucchini, 1 kg Zwiebeln, 125 ml Olivenöl, 6 Knoblauchzehen, 3 rote Chilischoten, 250 ml Sherry, 5 EL Essig-Essenz, Salz, schwarzer Pfeffer, Zucker

Die Zucchini putzen, waschen und fein würfeln . Die Zwiebeln schälen und ebenfalls würfeln. Das Öl in einem großen Topf erwärmen und das Gemüse hineingeben. Unter Rühren 20 Minuten andünsten. Die Knoblauchzehen schälen und durch die Presse drücken. Die Chilischote in Ringe schneiden und mit dem Knoblauch zum Gemüse geben. Mit Sherry, Essig-Essenz, Salz, frisch gemahlenem Pfeffer und Zucker abschmecken. Weitere 30 Minuten dünsten und noch heiß in Twist-off-Gläser einfüllen und verschließen.

Abbildung oben

Knoblauchbutter

125 g Butter, 4 Knoblauchzehen, Salz

Die weiche Butter mit einer Gabel verrühren. Die Knoblauchzehen schälen, durch die Presse drücken, zur Butter geben, verrühren und mit Salz abschmecken. Die Kräuterbutter paßt zu Folienkartoffeln, gegrilltem oder kurzgebratenem Fleisch oder als Füllung für Knoblauchbrot.

Eingelegte Knoblauchzehen

8 Knoblauchzehen, 2 Zweige Rosmarin, 1 Peperoni, 1/2 l Soja- oder Olivenöl

Die Knoblauchzehen schälen und mit den Rosmarinzweigen und der Peperoni in ein Glas geben. Das Öl dazugießen und das Glas luftdicht verschlossen etwa 1 Woche stehen bzw. durchziehen lassen.

Knoblauchsauce "Aioli"

4 Eigelb, 6 Knoblauchzehen oder Knoblauchpaste, 75 ml Olivenöl, 1 TL Zitronensaft, Salz, Cayennepfeffer

Die Eigelbe mit dem Handrührgerät gut aufschlagen. Die Knoblauchzehen schälen und durch die Presse drücken, zu den Eigelben geben und das Öl erst tropfenweise, dann mit dünnem Strahl einrühren, bis eine sämige Sauce entsteht. Mit Zitronensaft, Salz und Cayennepfeffer abschmecken. Die Aioli schmeckt zu Fisch und Fleisch.

Scharfsüße Pflaumensauce

(für 6 Personen)

100 g Pflaumenmus, 100 g Mango-Chutney, 2 Knoblauchzehen, 2 EL dunkle Sojasauce, 1 EL Ingwersaft, 2 EL Honig, 1 EL Essig, 1/2 TL Chilipulver

Das Pflaumenmus und das Chutney in einen Topf geben und unter Rühren erhitzen. Die Knoblauchzehen schälen und durch die Presse drükken, zugeben. Die Sojasauce, den Ingwersaft, den Honig und den Essig unterrühren. Mit Chilipulver abschmecken.

Die Sauce paßt auch zu Geflügel, Lamm und Fisch.

Kräuterbutter

125 g Butter, 1 Bund gemischte frische Kräuter oder 1 Päckchen tiefgefrorene, 2 Knoblauchzehen, Salz

Die weiche Butter mit einer Gabel oder einem Mixstab verrühren. Die Kräuter waschen und kleinschneiden. Die Knoblauchzehen schälen und pürieren, beides zur Butter geben, gut vermischen und mit Salz abschmecken. Die Kräuterbutter paßt zu Folienkartoffeln, gegrilltem oder kurzgebratenem Fleisch oder als Füllung für Knoblauchbrot.

Basilikum-Essig

(ergibt 1/2 Liter)

100 ml Essig-Essenz, 100 ml Wasser, 300 ml Weißwein. 1 Knoblauchzehe, 6 Stengel Basilikum

Die Essig-Essenz, Wasser und Weißwein verrühren, dann in eine Flasche oder Karaffe füllen. Die Knoblauchzehe schälen. Das Basilikum waschen und mit der Knoblauchzehe in die Flasche geben. Verschließen und 4 – 5 Tage ziehen lassen. *Abbildung oben*

Knoblauch-Essig

(ergibt 1/2 Liter)

100 ml Essig-Essenz, 100 ml Wasser, 300 ml Rosé-Wein, 6 Knoblauchzehen

Die Essig-Essenz, Wasser und Rosé-Wein verrühren, dann in eine Flasche oder Karaffe füllen. Die Knoblauchzehen schälen und dazugeben. Die Flasche verschließen und 5 – 6 Tage durchziehen lassen. Den Essig für Salate verwenden.

Abbildung links

Sauce Béchamel

40 g Butter, 40 g Mehl, 200 ml Milch, 200 ml Sahne, 3 Eigelb, Salz, weißer Pfeffer, geriebene Muskatnuß, 2 EL Butter

Die Butter in einen Topf geben und zerlaufen lassen, das Mehl zugeben und unter Rühren eine helle Mehlschwitze kochen. Wenn die Schwitze kraus aussieht, die Milch langsam unter Rühren einlaufen lassen. Die Sahne mit den Eigelben verquirlen, unter die Sauce rühren, mit Salz, frisch gemahlenem Pfeffer und Muskatnuß abschmecken, dann die restliche Butter unterziehen. Die Sauce darf nun nicht mehr kochen, da sie sonst gerinnt. Die Béchamel zu Gemüse und Kartoffeln servieren.

Rezept-verzeichnis

Bildnachweis:

Umschlagfoto:
Fotostudio Poggenpohl, Peiting

Innenteil:
Bommerlunder/Dr. Muth, Hamburg S. 15
Essig-Essenz/prhh, Hamburg S. 27, 31, 35, 38, 43, 66, 78, 79, 83, 87, 90
Euryza/Dr. Muth, Hamburg S. 71, 74
FIMA, Fischwirtschaftliches Marketing-Institut, Bremerhaven S. 46
3 Glocken, Weinheim S. 70
Melitta, Minden S. 23
Sojaöl/Dr. Muth, Hamburg S. 51, 55, 63